시뮬레이션
일본어
입문 1

시뮬레이션 일본어 입문 1

지은이 나고 마리(奈呉真理)
초판 1쇄 인쇄 2011년 3월 25일
초판 1쇄 발행 2011년 3월 30일

발행인 박효상
책임편집 임수진
편집진행 김지혜
디자인 손정수, 윤영선
마케팅 이종선, 이태호, 이전희

만든 사람
본문 디자인 · 일러스트 홍수미

발행처 사람in
출판등록 제10-1835호
주소 121-839 서울시 마포구 서교동 378-16 4F
대표전화 02) 338-3555
팩스 02) 338-3545
E-mail saramin@netsgo.com
Homepage www.saramin.com

※책값은 뒤표지에 있습니다. 잘못된 책은 구입한 서점에서 바꿔 드립니다.

ⓒ 나고 마리, 2011

ISBN 978-89-6049-244-8 18730
　　　978-89-6049-243-1 (set)

일본어 교실이 바뀌어가고 있습니다. 교사의 일방적인 설명만으로 이루어지는 주입식 교육으로는 수업이 따분하고 지루해질 수 있습니다. 이에 본 교재는 학습자가 능동적이고 적극적으로 일본어 학습을 할 수 있도록 엮었습니다. 그 밖에 교재를 집필하면서 중점을 둔 사항을 몇 가지로 요약하면 다음과 같습니다.

하나, 다양한 그룹 활동으로 학습 효과를 높여줍니다!

여럿이 함께 그룹 활동을 하다 보면 자연스럽게 자신이 모르거나 틀린 부분을 알게 됩니다. 그리고 함께 단어를 외우고, 문장을 만들고, 대화를 하다 보면 혼자서 하는 것보다 유익한 아이디어가 나오고 학습에 흥미를 가지게 됩니다. 본 교재에서는 이처럼 그룹을 이루어 대화를 연습하는 과제, 게임이나 놀이 활동, 퀴즈 등 다양한 그룹 활동을 풍부하게 준비했습니다.

둘, 일본 문화가 자연스럽게 녹아 있습니다!

일본어 교육 현장에서 문화 교육이 차지하는 비중이 높아지면서, 이제는 단순히 일본어 자체를 아는 것이 아닌 문화 이해를 바탕으로 한 일본어 교육의 필요성이 대두되고 있습니다. 이러한 변화에 맞춰 본 교재는 일본 문화가 자연스럽게 녹아 있는 대화문으로 본문 내용을 구성했습니다. 1권에서는 여행 마니아인 주인공 시원이 도쿄의 유명 관광지나 놀이공원, 축제에 직접 가 보는 내용을 통해 생생한 일본어와 일본 문화를 배울 수 있도록 했습니다. 또한 퀴즈나 놀이로 일본 문화를 이해하고 간접 체험해 보는 활동을 마련했습니다.

셋, 히라가나와 가타카나를 익히기 쉽습니다!

일본어 학습에서 가장 기본이 되는 히라가나와 가타카나를 확실히 배울 수 있도록 문자 학습에 큰 비중을 두었습니다. 전체 4과로 구성되어 있으며, '모양 파악하기 → 발음하기 → 쓰기'의 과정을 통해 익혀나갈 수 있게 했습니다. 또한 재미있는 연습 문제와 퀴즈, 게임을 통해 배운 것을 확인해 볼 수 있도록 했습니다.

넷, 일본의 가 볼 만한 여행지를 소개합니다!

외국어를 배우면 그 나라에 가 보고 싶어지게 마련입니다. 본 교재는 학습자 개인의 취향과 목적에 따라 여행지를 정해 볼 수 있도록 각 과의 학습 내용에 맞춰 해당 관광지에 대한 교통편과 볼거리, 즐길거리 등 풍부한 정보를 마련했습니다. 1권에는 도쿄와 그 주변을, 2권에는 도쿄 이외의 일본 곳곳의 다양한 여행지를 담았습니다.

나고 마리(奈吳真理)

교재의 구성

1. 会話(회화)

도쿄를 중심으로 유명한 관광지에서 이루어지는 대화문으로 구성되어 있습니다. 주인공 시원이 친구인 야마모토를 나리타 공항에서 처음 만나는 장면부터 도쿄와 도쿄 근교 곳곳을 다니며 시원과 야마모토가 나누는 대화문이 주된 내용입니다.

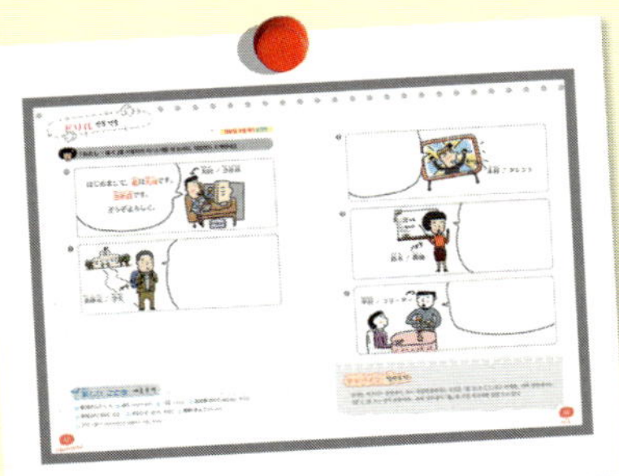

2. ドリル(반복 연습)

어느 정도 통지된 형태로 주요 문형을 익히는 연습입니다. 그림을 보고 간단한 A, B 형태의 대화문을 만들고 대화해 봅니다. 간단한 치환 연습으로 일본어의 기초적인 토대를 세워 주는 의미에서 회화 연습 전 단계로 담았습니다.

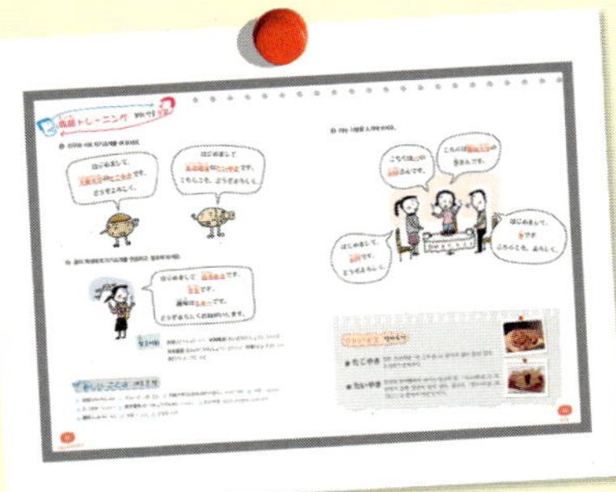

3. 会話トレーニング(회화 연습)

한 가지 패턴으로 지루해지지 않도록 다양한 활동을 도입하였습니다. 그룹으로 인터뷰를 통한 취미나 특기 묻기, 제시된 예문을 응용하여 대화하기, 장면이나 상황을 설정하여 역할놀이 하기 등으로 수업 내용이 풍부하고 재미있도록 하였습니다.

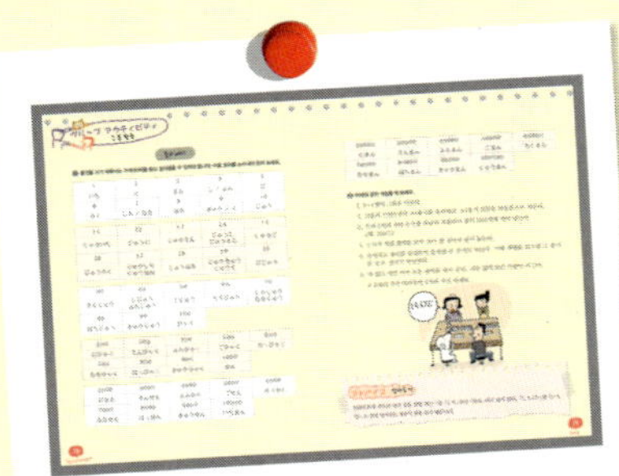

4. グループ アクティビティー(그룹 활동)

그룹 활동을 하며 주요 학습 내용을 익힙니다. 숫자세기 표현을 익히기 위한 간단한 게임부터 회화 연습을 위한 그룹 활동 등 다양한 게임으로 꾸몄습니다.

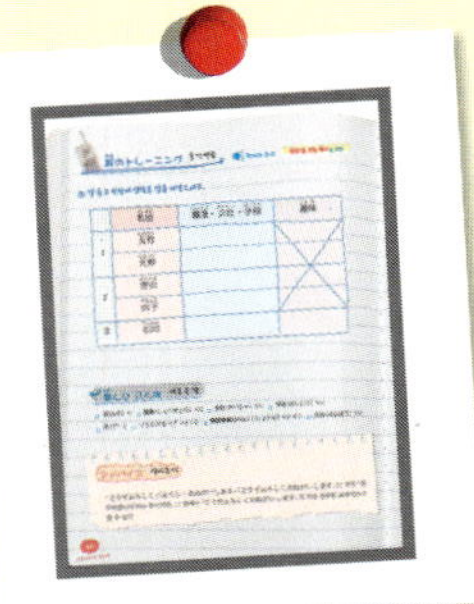

5. 耳のトレーニング(듣기 연습)

그 과에서 학습한 내용을 중심으로 간단한 듣기 연습을 해 봅니다. 내용을 듣고 질문에 대한 답을 써보는 문제로 학습자에게 부담을 주지 않도록 핵심적인 내용을 듣는 데 초점을 두었습니다.

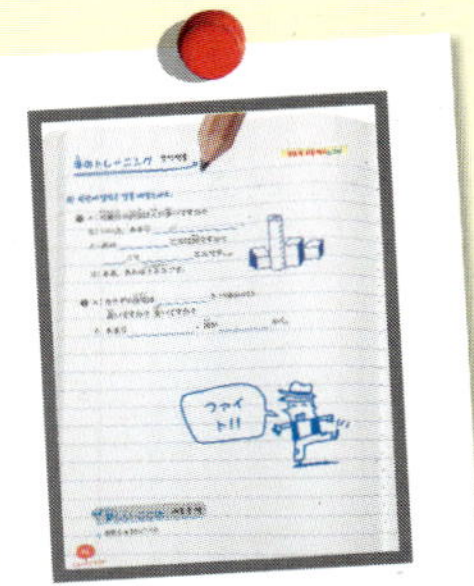

6. 手のトレーニング(쓰기 연습)

듣기, 말하기, 읽기, 쓰기를 골고루 학습할 수 있도록 학습자가 직접 써보는 코너를 마련하였습니다.

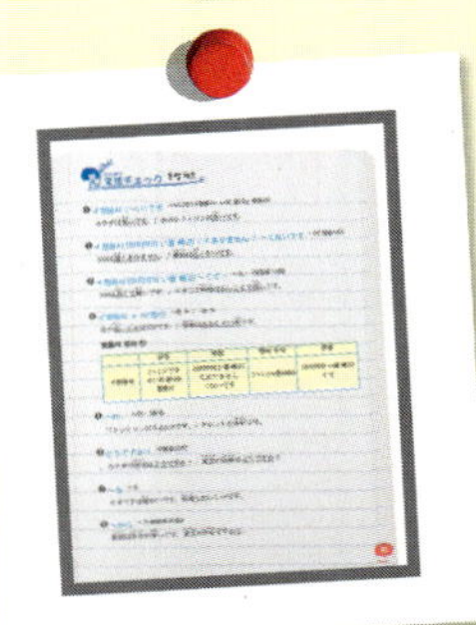

7. 文法チェック(문법 체크)

그 과의 주요 문법사항을 간단히 요약 정리하여 마무리 복습으로 활용할 수 있습니다.

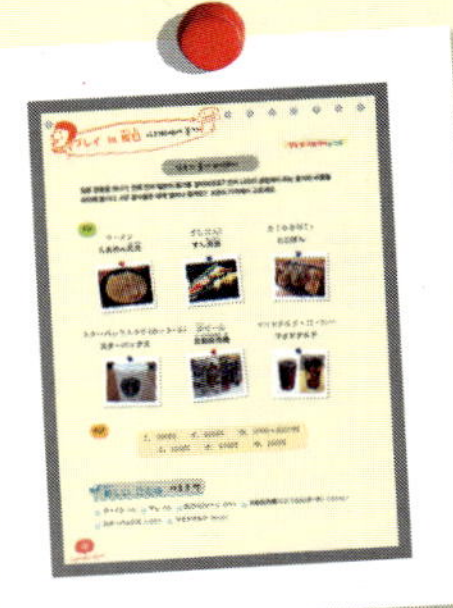

8. プレイ in ○○○(○○○에서 놀기)

일본의 온천에서 상식적으로 지켜야 할 사항, 디즈니씨와 디즈니랜드의 다른 점, 마쓰리의 특징 등을 퀴즈 형식으로 문제를 풀면서 일본의 문화를 익히고 간접적으로 체험해 보는 문화 놀이 활동입니다.

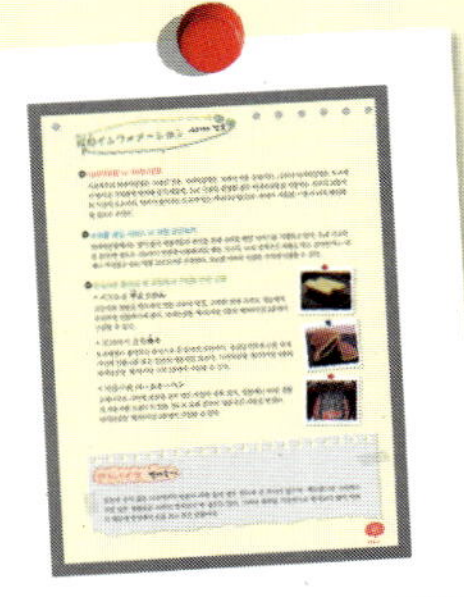

9. ○○○ インフォメーション(○○○ 정보)

일본의 유명한 관광지 중에서 가 볼 만한 곳을 골라 교통편이나 관광지에 대한 간단한 소개글을 담았습니다.

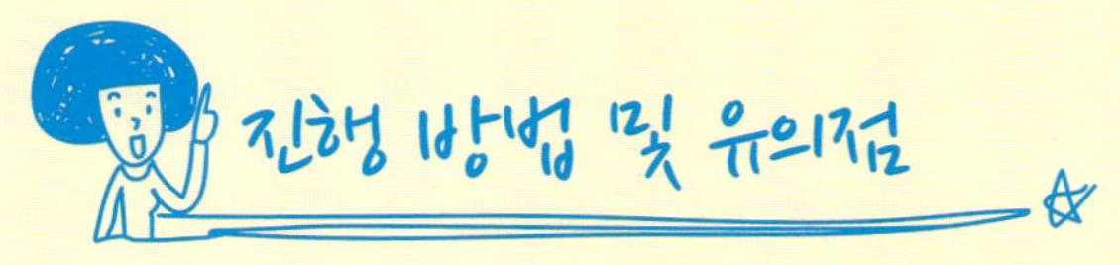

활동에 적합한 인원, 예상 소요시간, 진행방법을 아래와 같이 정리했습니다.

	최적 인원 (명)	소요 시간 (분)	진행 방법 및 유의점
1. 会話(회화)	2	10–20	형용사나 동사가 도입된 과에서는 2–4를 먼저 배우고 나서 1을 배우면 소요 시간이 훨씬 단축됩니다.
2. ドリル(반복 연습)	2	10–20	대부분 간단한 대화 연습으로, 충분한 연습 시간 후에 발표하도록 합니다.
3. 会話トレーニング (회화 연습)	2	10–20	학습자 개인의 정보, 생각, 경험 등이 반영되므로, 평소의 짝이 아닌 다른 상대와 대화·발표하면, 반 친구에 대한 정보를 모두가 공유하는 시간이 될 수 있습니다.
4. グループ アクティ ビティー(그룹 활동)	2–4	10–30	활동 결과를 전체에 공개한다는 것을 전체로 시작하면 경쟁심을 유발하여 활기 넘치는 활동이 됩니다.
5. 耳のトレーニング (듣기 연습)	1	5–10	포인트가 되는 단어를 포착하는 연습이므로, 포인트에 주의해서 듣도록 합니다.
6. 手のトレーニング (쓰기 연습)	1	10	초급 학습자에게는 쓰기가 가장 어려운데, 학습자의 습득 여부를 판단하는 최종 단계로 이용하세요.
7. 文法チェック (문법 체크)	1	5	2–4를 먼저 학습하고 7에서 정리하고 난 후 1을 배워도 됩니다. 또는 1–6을 순서대로 끝마치고 7에서 정리해도 무관합니다. 학습자나 교사의 형편을 고려하여 적절히 활용하세요.
8. プレイ in ○○○ (○○○에서 놀기)	2	10	퀴즈 형태로 되어 있는데 학습자가 전부 맞출 경우에는 보너스 점수를 주세요. 시간적인 여유가 없으면 수업에서 다루지 않아도 됩니다.
9. ○○○ インフォメ ーション(○○○ 정보)	1	5	다 같이 읽으면서 수업하세요. 나아가 학습자에게 관련 자료나 정보를 준비해 오도록 과제로도 활용해 보세요.

※인원에 교사는 포함되어 있지 않습니다.

차례

ひらがな

자음 \ 모음	**a**	**i**	**u**	**e**	**o**
_	あ a	い i	う u	え e	お o
k	か ka	き ki	く ku	け ke	こ ko
s	さ sa	し shi	す su	せ se	そ so
t	た ta	ち chi	つ tsu	て te	と to
n	な na	に ni	ぬ nu	ね ne	の no
h	は ha	ひ hi	ふ hu	へ he	ほ ho
m	ま ma	み mi	む mu	め me	も mo
y	や ya		ゆ yu		よ yo
r	ら ra	り ri	る ru	れ re	ろ ro
w	わ wa				を wo
	ん n				

시뮬레이션 일본어

手<ruby>手<rt>て</rt></ruby>のトレーニング 1 읽고 써 보세요.

あ	い	う	え	お	あ	い	う	え	お

あ	お	い

파랗다

お	お	い

많다

い	え

집

う	お

물고기

耳のトレーニング 1 들리는 대로 빈칸에 써넣으세요.

 track 1-2

정답 및 모범 예시 p.174

❶ 

파란 집

❷

많은 물고기

手のトレーニング 2 읽고 써 보세요.

か	き	く	け	こ	か	き	く	け	こ

か	き

감

き	く

국화

こ	け

이끼

く	き

줄기

あ	か	い

빨갛다

お	お	き	い

크다

耳のトレーニング 2 들리는 대로 빈칸에 써넣으세요.  track 1-3

정답 및 모범 예시 p.174

❶ | | | | | | 빨간 집

❷ | | | | | | 큰 감

❸ | | | | | | 큰 국화

시뮬레이션 일본어

 읽고 써 보세요.

さ	し	す	せ	そ	さ	し	す	せ	そ

す	し

초밥

さ	さ

대나무 잎

す	そ

옷자락

お	い	し	い

맛있다

お	か	し	い

이상하다 / 웃기다

 耳のトレーニング 3 들리는 대로 빈칸에 써넣으세요.

정답 및 모범 예시 p.174

① 맛있는 물고기

② 이상한 집

③ 큰 초밥

手のトレーニング 4 읽고 써 보세요.

た	ち	つ	て	と	た	ち	つ	て	と

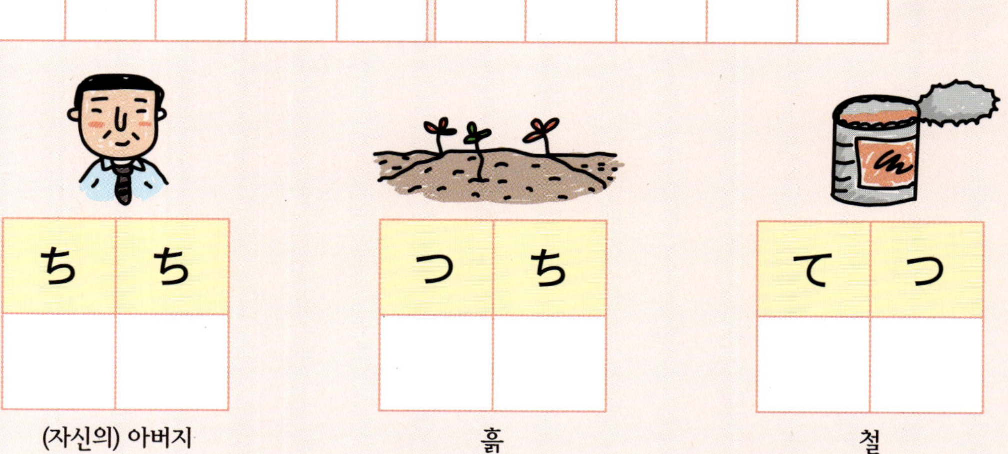

ち	ち

(자신의) 아버지

つ	ち

흙

て	つ

철

시뮬레이션 일본어

た	か	い

높다 / 비싸다

と	お	い

멀다

ち	い	さ	い

작다

❶ (몸집이) 작은 아버지

❷ 먼 집

❸ 비싼 국화

な	に	ぬ	ね	の	な	に	ぬ	ね	の

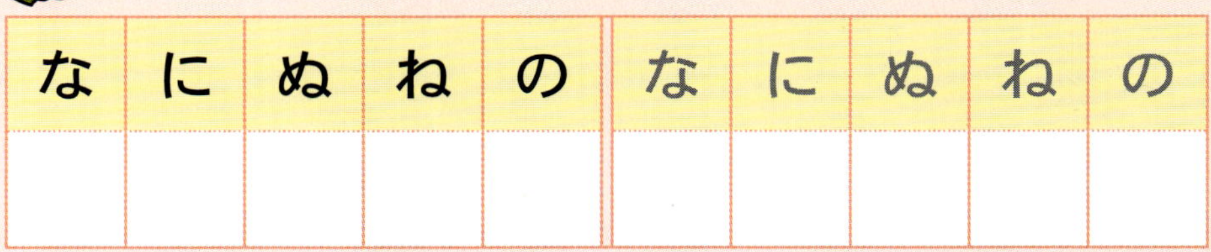

な	な

7(칠)

ぬ	の

천

か	な	し	い

슬프다

た	の	し	い

즐겁다

耳のトレーニング 5 들리는 대로 빈칸에 써넣으세요. 🔊 track 1-5

정답 및 모범 예시 p.174

❶ 

슬픈 집

❷ 

즐거운 아버지

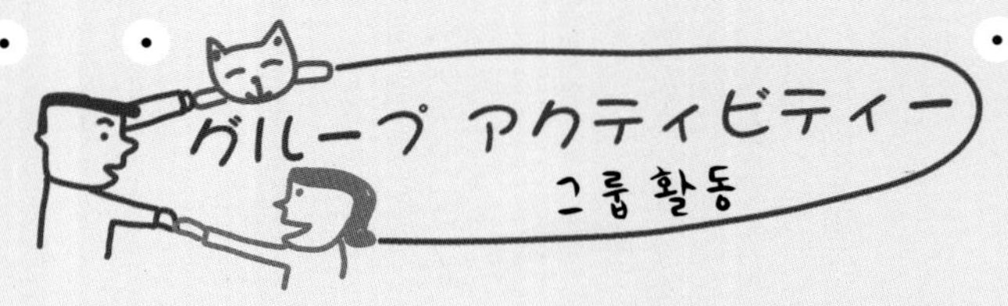

❶ 아래 칸에 지금까지 배운 히라가나 25자(あ·い·う·え·お·か·き·く·け·こ·さ·し·す·せ·そ·た·ち·つ·て·と·な·に·ぬ·ね·の)를 자유롭게 쓰세요.

❷ 3~4명이 그룹을 이루어 돌아가면서 글자를 하나씩 말하고 그 글자를 체크하세요. 가로, 세로, 대각선 방향으로 먼저 5개를 체크해 선을 그은 사람이 이깁니다. 게임은 2번 반복합니다.

시뮬레이션 일본어

ひらがな

히라가나 ②

は	ひ	ふ	へ	ほ	は	ひ	ふ	へ	ほ

は	は

(자신의) 어머니

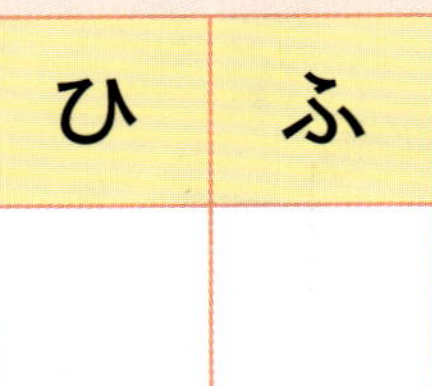

ひ	ふ

피부

ひ	く	い

낮다

ふ	と	い

굵다

ほ	そ	い

가늘다

시뮬레이션 일본어

耳のトレーニング 1 들리는 대로 빈칸에 써넣으세요.

정답 및 모범 예시 p.174

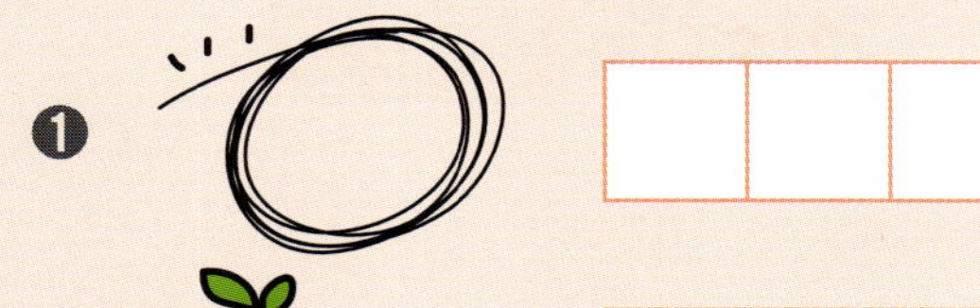

❶ 　가는 철

❷ 　굵은 줄기

❸ 　빨간 피부

手のトレーニング 2 읽고 써 보세요.

ま	み	む	め	も	ま	み	む	め	も

み	み

귀

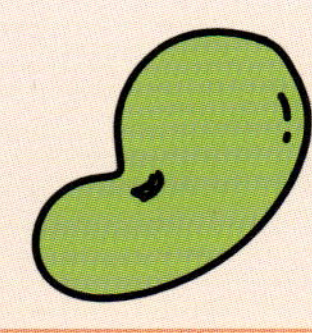

ま	め

콩

も	も

복숭아

み	に	く	い

흉하다

む	な	し	い

허무하다

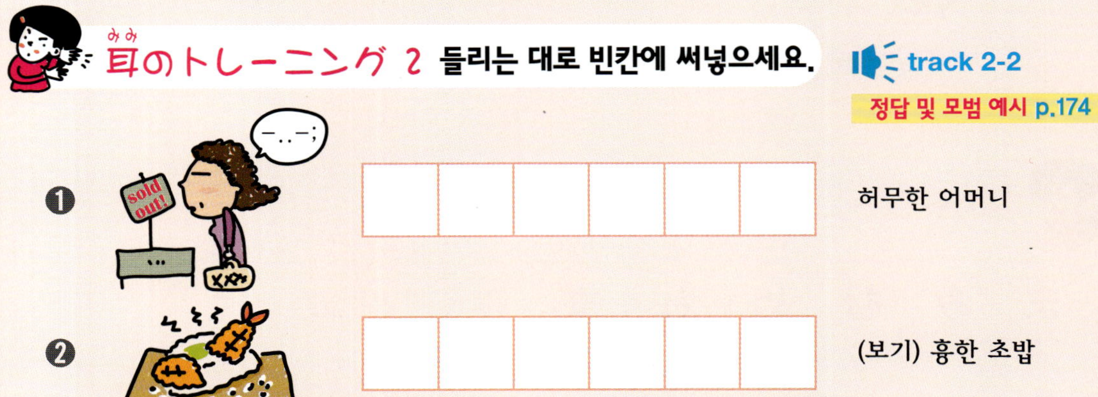

耳のトレーニング 2　들리는 대로 빈칸에 써넣으세요.　🔊 track 2-2

정답 및 모범 예시 p.174

❶ 허무한 어머니

❷ (보기) 흉한 초밥

手のトレーニング 3　읽고 써 보세요.

や	ゆ	よ	や	ゆ	よ

ら	り	る	れ	ろ	ら	り	る	れ	ろ

わ		を	ん	わ		を	ん

よ	ん

4(사)

わ	ん

멍(개가 짖는 소리)

ゆ	れ	る

흔들리다

や	す	い

싸다

よ	わ	い

약하다

や	き	と	り

닭꼬치

耳のトレーニング 3 들리는 대로 빈칸에 써넣으세요.　track 2-3

정답 및 모범 예시 p.174

❶ 　싼 콩

❷ 　약한 천

❸ 　비싼 닭꼬치

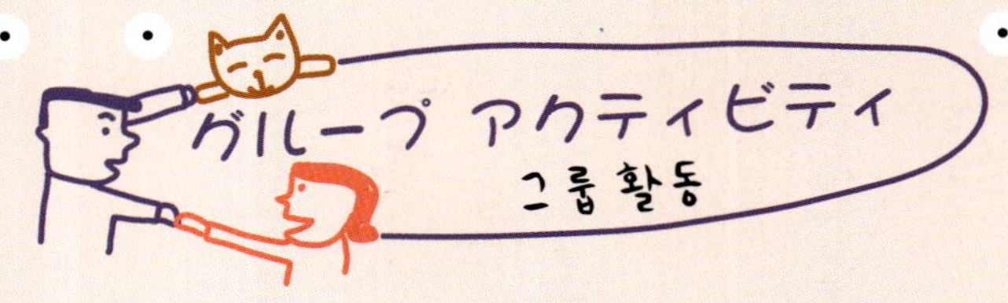

❶ 히라가나를 완전히 외웠는지 보지 말고 써 보세요.

❷ 3~4명이 그룹을 이루어 다른 사람이 쓴 히라가나 표를 체크하고 점수를 매기세요. 1개에 1점씩, 만점은 46점입니다. 틀린 글자를 정확히 체크해 친구에게 돌려주세요.

모음 자음	a	i	u	e	o
–					
k					
s					
t					
n					
h					
m					
y					
r					
w					

점수 : __________

ひらがな

히라가나 ③

  **track 3-1**

[탁음 · 반탁음]

g	が ga	ぎ gi	ぐ gu	げ ge	ご go
z	ざ za	じ ji	ず zu	ぜ ze	ぞ zo
d	だ da	ぢ ji	づ zu	で de	ど do
b	ば ba	び bi	ぶ bu	べ be	ぼ bo
p	ぱ pa	ぴ pi	ぷ pu	ぺ pe	ぽ po

❶ 음식 편

う	ど	ん

우동

お	で	ん

어묵

て	ん	ぷ	ら

튀김

❷ 가장 많은 일본인 성

す	ず	き

제2위: 스즈키

わ	た	な	べ

제5위: 와타나베

こ	ば	や	し

제9위: 고바야시

**1위 : 사토(さとう)　　3위 : 다카하시(たかはし)　　4위 : 다나카(たなか)

시뮬레이션 일본어

TOSHIBA

| と | う | し | ば |

FUJITSU

| ふ | じ | つ | う |

HONDA

| ほ | ん | だ |

口のトレーニング 2 잘 듣고 소리 내어 읽어 보세요.　▮◀ track 3-2

[요음]

작은 「や」「ゆ」「よ」는 바로 앞에 붙은 큰 글자와 함께 한 박자로 발음합니다.

きゃ	きゅ	きょ	ぎゃ	ぎゅ	ぎょ
kya	kyu	kyo	gya	gyu	gyo
しゃ	しゅ	しょ	じゃ	じゅ	じょ
sya	syu	syo	jya	jyu	jyo
ちゃ	ちゅ	ちょ			
cha	chu	cho			
にゃ	にゅ	にょ			
nya	nyu	nyo			
ひゃ	ひゅ	ひょ	びゃ	びゅ	びょ
hya	hyu	hyo	bya	byu	byo
			ぴゃ	ぴゅ	ぴょ
			pya	pyu	pyo
みゃ	みゅ	みょ			
mya	myu	myo			
りゃ	りゅ	りょ			
rya	ryu	ryo			

❶ 음식 편

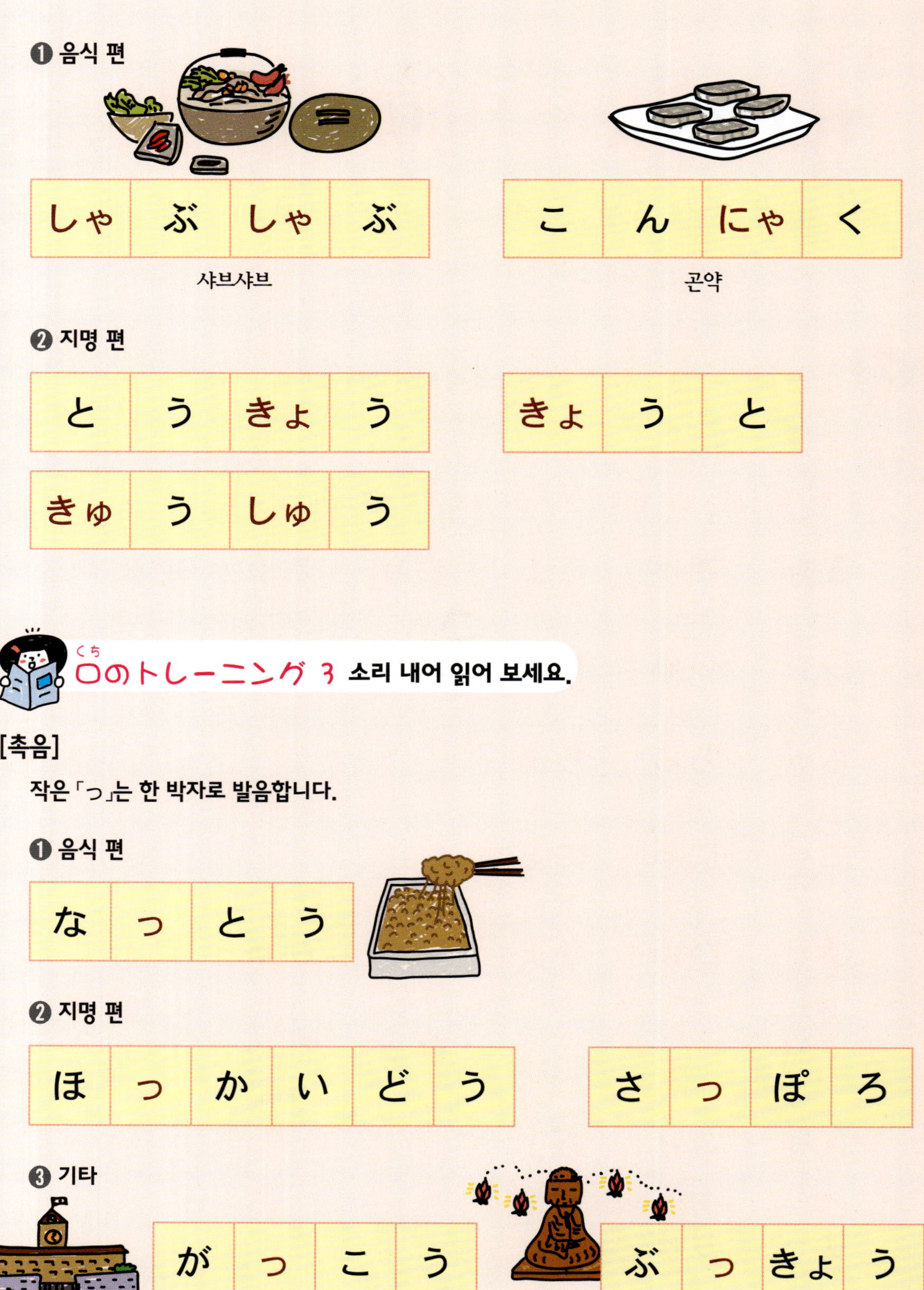

| し | ゃ | ぶ | し | ゃ | ぶ |

샤브샤브

| こ | ん | にゃ | く |

곤약

❷ 지명 편

| と | う | きょ | う |

| きょ | う | と |

| きゅ | う | しゅ | う |

口のトレーニング 3 소리 내어 읽어 보세요.

[촉음]

작은 「っ」는 한 박자로 발음합니다.

❶ 음식 편

| な | っ | と | う |

❷ 지명 편

| ほ | っ | か | い | ど | う |

| さ | っ | ぽ | ろ |

❸ 기타

| が | っ | こ | う |

학교

| ぶ | っ | きょ | う |

불교

딕테이션 일본어

 **口のトレーニング 4** 소리 내어 읽어 보세요.

❶ お단(모음: o) + う : 「お」로 길게 발음합니다.

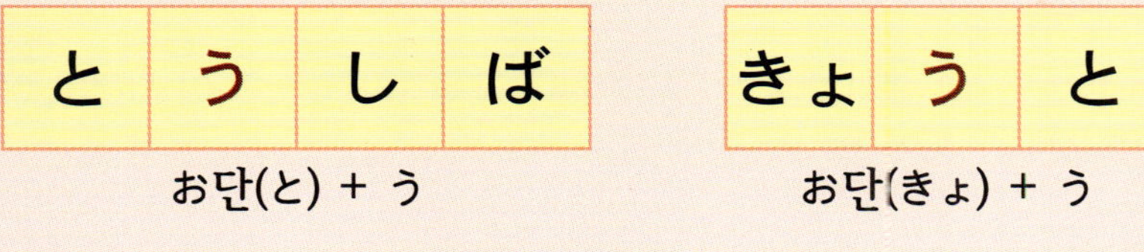

と	う	し	ば

お단(と) + う

きょ	う	と

お단(きょ) + う

な	っ	と	う

お단(と) + う

ほ	っ	か	い	ど	う

お단(ど) + う

❷ え단(모음: e) + い : 「え」로 길게 발음합니다.

영어

え	い	ご

え단(え) + い

시계

と	け	い

え단(け) + い

 **口のトレーニング 5** 소리 내어 읽어 보세요.

[발음]

ん은 한 박자로 발음합니다.

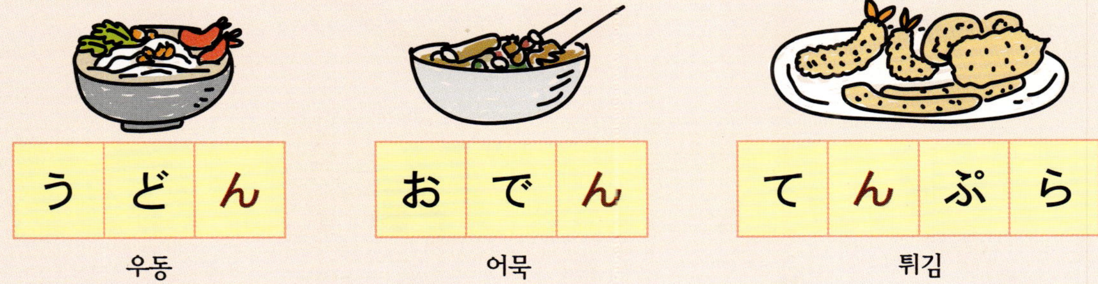

う	ど	ん

우동

お	で	ん

어묵

て	ん	ぷ	ら

튀김

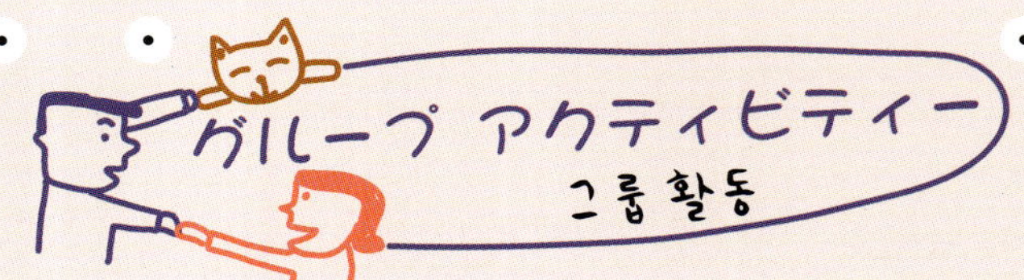

일본의 지명을 읽어 보세요.

1. 다음은 일본의 인구 순위에 따른 7대 도시입니다. (平成 12년 국세조사) 3~4명이 그룹을 이루어
   도시명을 같이 읽고, 위치를 찾아 지도에 표시해 보세요.

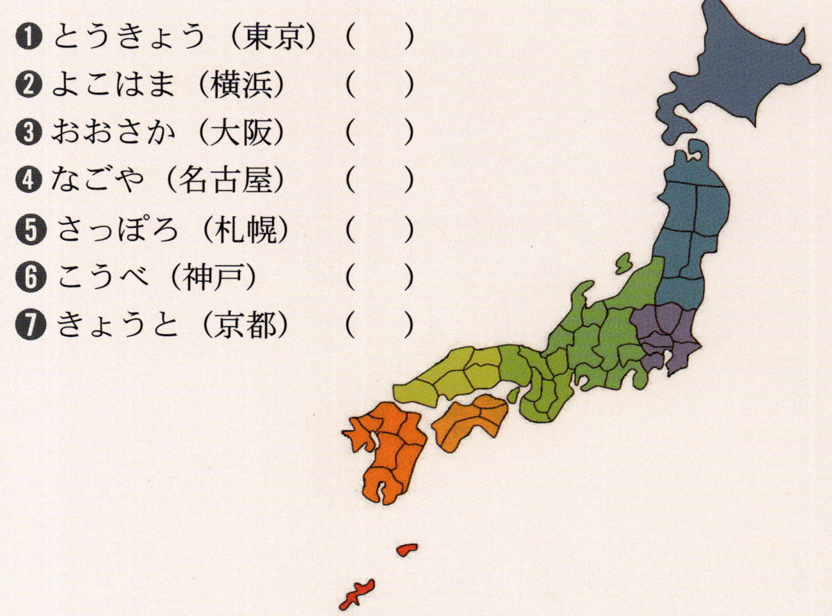

❶ とうきょう（東京）（　　）
❷ よこはま（横浜）　（　　）
❸ おおさか（大阪）　（　　）
❹ なごや（名古屋）　（　　）
❺ さっぽろ（札幌）　（　　）
❻ こうべ（神戸）　　（　　）
❼ きょうと（京都）　（　　）

2. 빨간 글자의 발음에 신경을 써서 음식 이름을 읽어보세요.

ぶどう

いちご

りんご

にんじん

とうもろこし

とうがらし

ごはん

おにぎり

ぎゅうにゅう

おちゃ

カタカナ

가타카나

※ カタカナは ①외래어 ②일본식 영어(영어 단어를 변형·복합해서 일본에서 만든 말) ③일본에서 단어를 짧게 생략한 말 ④속어 등을 표기할 때 사용합니다. 일상에서 カタカナ는 갈수록 많이 쓰이고 있어요.

 口のトレーニング 1 소리 내어 읽어 보세요.

모음 자음	a	i	u	e	o
—	ア a	イ i	ウ u	エ e	オ o
k	カ ka	キ ki	ク ku	ケ ke	コ ko
s	サ sa	シ shi	ス su	セ se	ソ so
t	タ ta	チ chi	ツ tsu	テ te	ト to
n	ナ na	ニ ni	ヌ nu	ネ ne	ノ no
h	ハ ha	ヒ hi	フ hu	ヘ he	ホ ho
m	マ ma	ミ mi	ム mu	メ me	モ mo
y	ヤ ya		ユ yu		ヨ yo
r	ラ ra	リ ri	ル ru	レ re	ロ ro
w	ワ wa				ヲ wo
	ン n				

시뮬레이션 일본어

❶ 따라 쓰기

ア	イ	ウ	エ	オ

カ	キ	ク	ケ	コ

サ	シ	ス	セ	ソ

タ	チ	ツ	テ	ト

ナ	ニ	ヌ	ネ	ノ

ハ	ヒ	フ	ヘ	ホ

マ	ミ	ム	メ	モ

ヤ		ユ		ヨ

ラ	リ	ル	レ	ロ

ワ				ヲ

ン

❷ 빈칸 채우기

ア	イ		エ	
カ	キ			コ
	シ	ス		
タ			テ	ト
ナ	ニ			ノ
ハ	ヒ		ヘ	
	ミ	ム		
ヤ		ユ		ヨ
ラ	リ			ロ
ワ				ヲ
ン				

❸ 모양이 비슷한 カタカナ

う	く	け	ふ	ら	わ	を

し	そ	つ	ん

<ruby>口<rt>くち</rt></ruby>のトレーニング 2 소리 내어 읽어 보세요.

※「ー」는 カタカナ에만 쓰는 장음 표시입니다. 「ー」는 앞에 나온 모음을 이어서 길게 발음하세요.

❶ 음식 편

ア	イ	ス	ク	リ	ー	ム

ハ	ン	バ	ー	ガ	ー

ラ	ー	メ	ン

コ	ー	ヒ	ー

ケ	ー	キ

ビ	ー	ル

サ	ン	ド	イ	ッ	チ

❷ 스포츠 편

テ	ニ	ス

ス	キ	ー

ゴ	ル	フ

サ	ッ	カ	ー

ジョ	ギ	ン	グ

❸ 옷과 장식품 편

コ	ー	ト

シャ	ツ

ズ	ボ	ン

ス	カ	ー	ト

ネ	ッ	ク	レ	ス

ジ	ー	ン	ズ

[나라 이름]

❶

❷

❸

❹

❺

❻

❼

❽

※작은 や, ゆ, よ 는 앞 글자와 함께 한 칸에 쓰세요.

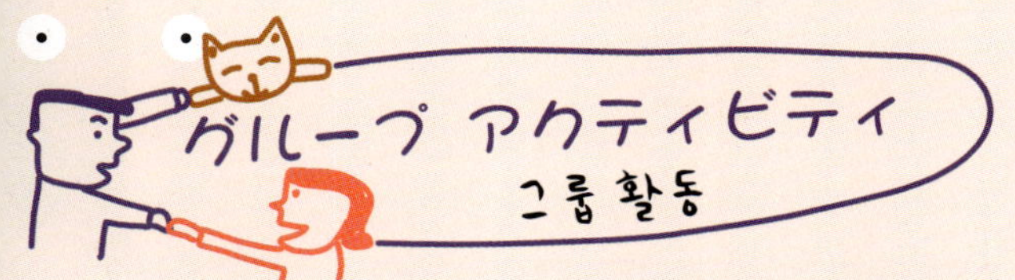

3~4명이 그룹을 이루어 カタカナ어로 끝말잇기를 해 보세요.

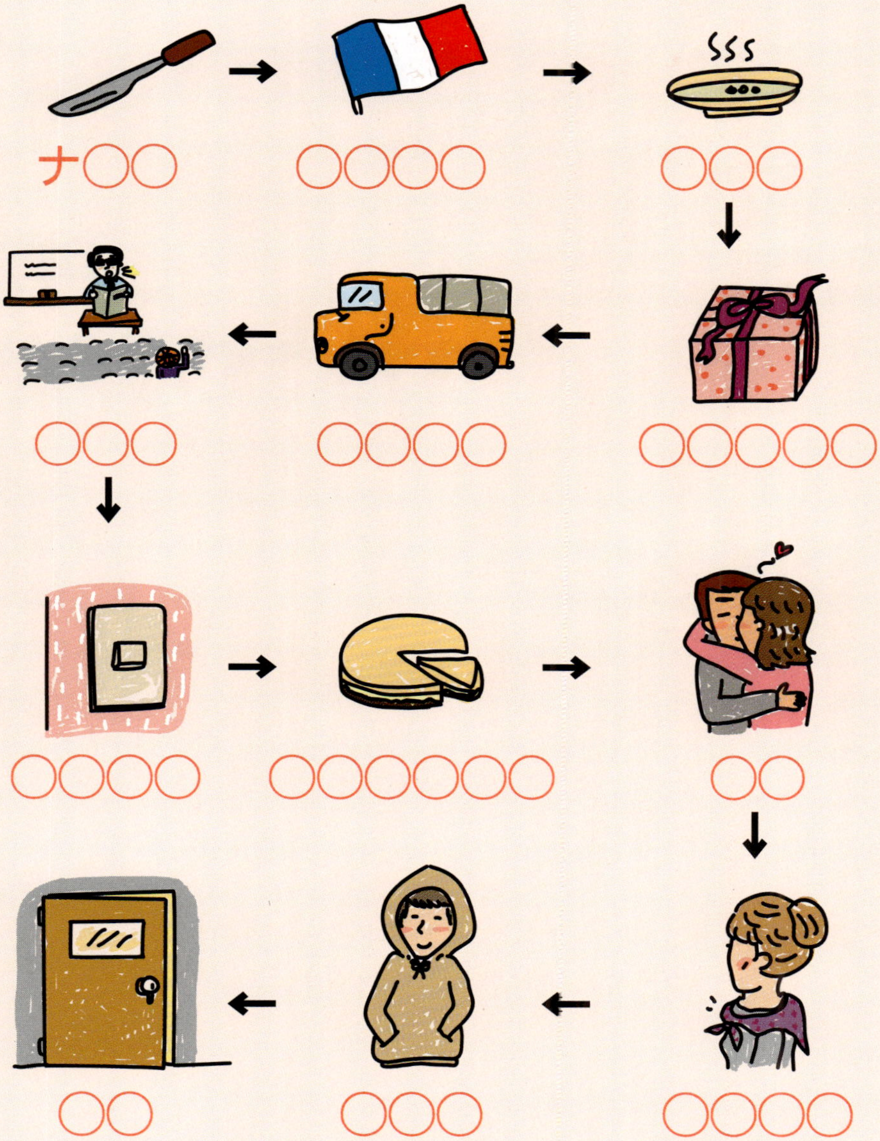

ナ◯◯

unit 5

成田空港で
<ruby>なり</ruby> <ruby>た</ruby> <ruby>くうこう</ruby>

ストーリー 스토리

여행 마니아 시원은 도쿄 근교 관광지를 여행할 목적으로 나리타공항에 도착했다.
공항에서는 지인에게 소개받은 일본인 야마모토와 만나기로 되어 있다.

新しい ことば 새로운 말
<ruby>あたら</ruby>

- □ 成田空港(なりたくうこう) 나리타공항　□ ～で ～에서(장소)　□ 日本(にほん) 일본　□ ～だ ～이다(판단)

- □ あ 아(감탄)　□ 山本(やまもと) 야마모토(일본인의 성)　□ ～さん ～씨　□ あの 저기요

- □ ～です ～입니다　□ ようこそ 어서 오세요　□ はじめまして 처음 뵙겠습니다

- □ よろしくおねがいします 잘 부탁합니다　□ こちらこそ 이쪽이야말로　□ どうぞよろしく 잘 부탁합니다

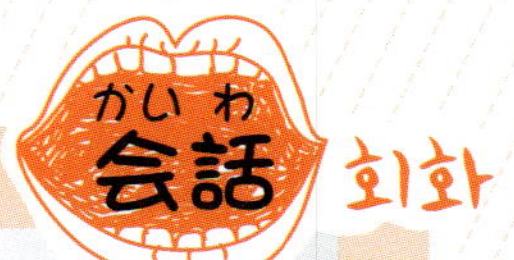

シウォン ： 日本だ。あ、山本さんだ。

あの、キムシウォンです。

山本 ： あ、キムシウォンさん、ようこそ。

シウォン ： はじめまして、よろしくおねがいします。

山本 ： 山本です。こちらこそ、どうぞよろしく。

アドバイス　알아두기

「山本です」

일본인의 성은 아주 다양하기 때문에, 첫 대면에서 자신의 이름(first name)까지 말하는 일은 많지 않다.

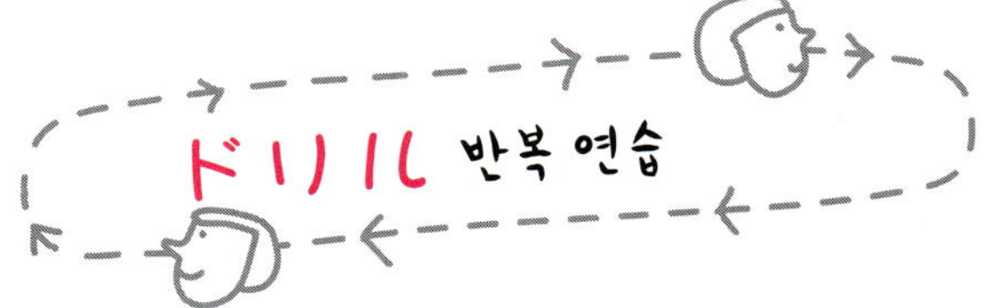

정답 및 모범 예시 p.175

「わたし・ぼく」를 사용하여 자기소개를 해 보세요. 직업까지 소개하세요.

예

①

新しい ことば 새로운 말

□ 私(わたし) 나, 저　□ ぼく 나(남자 용어)　□ ～は ～은(는)　□ 会社員(かいしゃいん) 회사원

□ 学生(がくせい) 학생　□ タレント 탤런트, 연예인　□ 教師(きょうし) 교사

□ フリーター 아르바이트로 생활하는 사람, 프리터

남자는 비즈니스 장면에서, 또는 취업면접에서는 자신을 「私」라고 하지만, 기타 장면에서는 「ぼく」를 쓰는 것이 보통이다. 특히 남학생이 「私」를 쓰면 여자처럼 들릴 수도 있다.

❶ 친구와 서로 자기소개를 해 보세요.

❷ 좀더 자세하게 자기소개를 연습하고, 발표해 보세요.

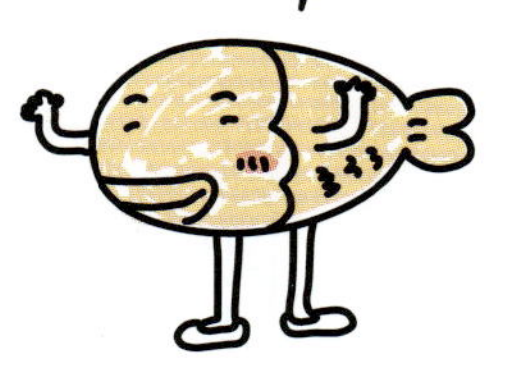

참고어휘

読書（どくしょ）독서　　映画鑑賞（えいがかんしょう）영화감상

音楽鑑賞（おんがくかんしょう）음악감상　　料理（りょうり）요리

旅行（りょこう）여행

新しい ことば　새로운 말

- ☐ 会話（かいわ）회화　☐ トレーニング 훈련　☐ 大阪大学（おおさかだいがく）오사카 대학　☐ ～の ～의(소속)
- ☐ たこやき 다코야키　☐ 東京電気（とうきょうでんき）도쿄전기　☐ たいやき 한국의 붕어빵과 비슷한 과자
- ☐ 趣味（しゅみ）취미　☐ スキー 스키　☐ こちら 이쪽

❸ 아는 사람을 소개해 보세요.

アドバイス 알아두기

＊ たこやき 일본 오리지널 「たこやき」는 문어가 많이 들어 있다.
오사카가 본거지다.

＊ たいやき 한국의 붕어빵과의 차이는 앙금의 양. 「たいやき」는 꼬리까지 듬뿍 앙금이 들어 있다. 참고로 「たいやき」의 「たい」는 붕어가 아닌 '도미'다.

<ruby>耳<rt>みみ</rt></ruby>のトレーニング 듣기 연습    track 5-2

◎ 잘 듣고 빈칸에 알맞은 말을 써넣으세요.

	<ruby>名前<rt>な まえ</rt></ruby>	<ruby>職業<rt>しょくぎょう</rt></ruby>・<ruby>会社<rt>かいしゃ</rt></ruby>・<ruby>学校<rt>がっこう</rt></ruby>	<ruby>趣味<rt>しゅ み</rt></ruby>
1	<ruby>大竹<rt>おおたけ</rt></ruby> <ruby>大野<rt>おお の</rt></ruby>		
2	<ruby>青山<rt>あおやま</rt></ruby> <ruby>山下<rt>やました</rt></ruby>		
3	<ruby>石川<rt>いしかわ</rt></ruby>		

<ruby>新<rt>あたら</rt></ruby>しい ことば 새로운 말

☐ <ruby>耳<rt>みみ</rt></ruby> 귀   ☐ <ruby>職業<rt>しょくぎょう</rt></ruby> 직업   ☐ <ruby>会社<rt>かいしゃ</rt></ruby> 회사   ☐ <ruby>学校<rt>がっこう</rt></ruby> 학교

☐ <ruby>手<rt>て</rt></ruby> 손   ☐ ソウルグループ 서울 그룹   ☐ <ruby>韓国商事<rt>かんこくしょうじ</rt></ruby> 한국 상사   ☐ <ruby>文法<rt>ぶんぽう</rt></ruby> 문법

アドバイス 알아두기

「どうぞよろしく」「よろしくおねがいします」「どうぞよろしくおねがいします」는 모두 '잘 부탁합니다'라는 뜻이지만, 그 중에서 「どうぞよろしくおねがいします」가 가장 정중한 표현이라고 할 수 있다.

시뮬레이션 일본어

手のトレーニング 쓰기 연습

◉ 빈칸에 알맞은 말을 써넣으세요.

❶ 첫 대면의 인사

木村：＿＿＿＿＿＿、韓国大学＿＿＿＿木村です。
＿＿＿＿＿＿＿＿＿＿。

田中：＿＿＿＿＿、ソウルグループ＿＿＿＿田中です。
＿＿＿＿＿　＿＿＿＿＿。

❷ 아는 사람을 소개한다

中村：＿＿＿＿＿は日本大学＿＿＿＿小川＿＿＿＿です。
＿＿＿＿＿は韓国商事＿＿＿＿李＿＿＿＿です。

小川：小川です。どうぞよろしく。

李　：李です。こちらこそ、よろしくおねがいします。

文法チェック 문법 체크

❶ 〜です　〜입니다

キムシウォンです。 / 教師です。 / 学生です。

❷ 〜は〜です　〜는 〜입니다

私は大田です。 / ぼくは教師です。 / 趣味はスキーです。

❸ 〜の〜です　〜의 〜입니다

大阪大学の青山です。 / JRの小川です。

❹ 〜だ　〜이다

日本だ。 / 山本さんだ。

일본의 물가 파악하기

일본 관광을 떠나기 전에 먼저 일본의 물가를 알아야겠죠? 먼저 나리타 공항에서 파는 음식의 비용을 파악해 봅시다. A군 음식들은 대체 얼마나 할까요? B군의 가격에서 고르세요.

A군

ラーメン
らあめん花月（かげつ）

すし（1人）
すし京辰（きょうたつ）

たこやき（8こ）
たこぼん

スターバックスラテ（ホット・S）
スターバックス

缶（かん）ビール
自動販売機（じどうはんばいき）

マクドナルド・コーヒー
マクドナルド

B군

ア．320円　　イ．620円　　ウ．3000〜5000円

エ．120円　　オ．480円　　カ．200円

新（あたら）しい ことば　새로운 말

- □ ラーメン 라면　□ すし 초밥　□ 缶（かん）ビール 캔맥주　□ 自動販売機（じどうはんばいき） 자동판매기
- □ スターバックス 스타벅스　□ マクドナルド 맥도날드

➡ 나리타공항 vs 하네다공항

기본적으로 하네다공항은 국내선 전용, 나리타공항은 국제선 전용 공항이다. 그러나 나리타공항은 도쿄에서 떨어진 지바현에 위치해 있기 때문에, 도쿄 근방을 관광할 경우 하네다공항을 이용하는 것보다 교통비와 시간이 소요된다. 따라서 앞으로는 도쿄에 있는 하네다공항(김포–하네다 셔틀편) 이용이 더욱 활성화될 것으로 보인다.

➡ 수하물 배달 서비스 or 대형 코인로커

나리타공항에서는 짐이 많은 관광객들의 편의를 위해 수하물 배달 서비스를 시행하고 있다. 도쿄 근교라면 2000엔 정도로 가능하니 한번쯤 이용해 봐도 좋을 것이다. 더욱 경제적인 여행을 하고 싶다면 어느 역에나 자리잡고 있는 대형 코인로커를 추천한다. 500엔 이하의 저렴한 가격에 이용할 수 있다.

➡ 한국으로 돌아갈 때 공항에서 구입할 만한 선물

* 이모요캉 (芋ようかん)

고구마와 설탕을 반죽해서 만든 고구마 양갱. 소박한 맛에 가격도 적당해서 무난하게 선물하기에 좋다. 하네다공항 제1터미널 2층과 제2터미널 2층에서 구입할 수 있다.

* 도라야키 (どら焼き)

도라에몽이 좋아하는 음식으로 잘 알려진 도라야키. 동글납작하게 구운 반죽 사이에 단팥소를 넣은 일본의 대중적인 과자다. 나리타공항 제2터미널 4층과 하네다공항 제1터미널 지하 1층에서 구입할 수 있다.

* 바움쿠헨 (バームクーヘン)

고목나무의 나이테 모양을 본떠 만든 독일의 전통 과자. 일본에는 90년 전통의 바움쿠헨 브랜드가 있을 정도로 오래 전부터 대중적인 사랑을 받았다. 나리타공항 제2터미널 4층에서 구입할 수 있다.

アドバイス 알아두기

일본의 음식 값은 다코야키나 일본식 라면 등의 경우 한국과 큰 차이가 없으며, 맥도날드나 스타벅스처럼 일부 상품들은 오히려 한국보다 싼 경우도 있다. 그러나 대부분 기본적으로 한국보다 많이 비싸기 때문에 방심해서 돈을 쓰는 것은 금물이다.

신주쿠는 도쿄의 중심입니다

新宿は東京の中心です

ストーリー 스토리

시원과 야마모토는 나리타 공항에서 숙소가 있는 신주쿠(新宿)로 이동했다.

新しい ことば 새로운 말

- □ 新宿(しんじゅく) 신주쿠 □ ～の ～의(보통 명사와 명사 사이에 필요) □ 中心(ちゅうしん) 중심 □ あれ 저것
- □ 何(なん)ですか 무엇입니까? □ ～ですか ～입니까? □ ああ 아~ □ ～じゃありません ～이(가) 아닙니다
- □ 東京都庁(とうきょうとちょう) 도쿄 도청 □ じゃ 그러면 □ ええ 예 □ 企業(きぎょう) 기업 □ ～と ～와(과)
- □ ショッピング 쇼핑 □ それ 그것 □ ホテル 호텔 □ ～ですね ～군요 □ そうですか 그렇습니까?

시뮬레이션 일본어

会話　회화

シウォン	：	山本さん、あれは何ですか？ 会社ですか？
山本	：	ああ、あれは会社じゃありません。東京都庁です。
シウォン	：	じゃ、新宿は東京の中心ですか？
山本	：	ええ、企業とショッピングの中心です。
シウォン	：	あ、それはホテルですね。
山本	：	ええ、ワシントンホテルです。
シウォン	：	そうですか。

アドバイス 알아두기

「～じゃありません ～이(가) 아닙니다」 보다 「～ではありません」이 공손한 표현이다. 중요한 장면에서는 후자를 쓰는 것이 좋지만 편한 자리에서는 전자를 많이 쓴다.

ドリル 반복 연습

정답 및 모범 예시 p.175

これ・それ・あれ를 사용하여 예와 같이 묻고 답하세요.

(「**これ**」는 ☞ 가까운 것, 「**それ**」는 ☞ 조금 떨어진 것, 「**あれ**」는 ☞ 멀리 있는 것을 가리킬 때 사용하세요.)

예

新しい ことば 새로운 말

☐ ダイヤモンド 다이아몬드　☐ イミテーション 가짜　☐ すいみん薬（やく） 수면제　☐ キャンディー 사탕

☐ 赤（あか）ちゃん 아기　☐ ねこ 고양이　☐ たばこ 담배　☐ チョコレート 초콜릿

「いいえ、〜じゃありません。…です。」は 흔히 「いいえ、…です。」라고 한다.

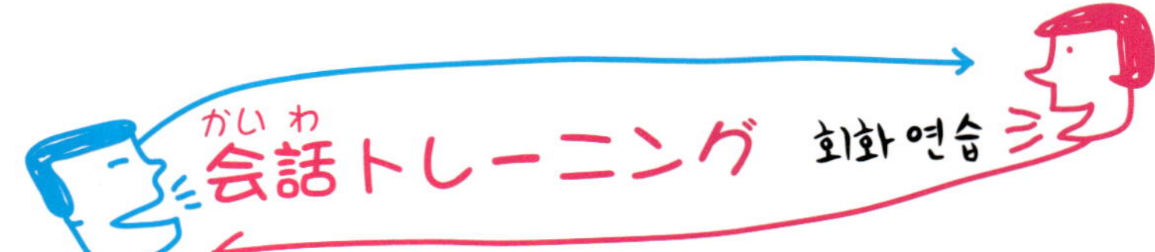

옆 친구에 대해 좀 더 자세히 알아 보세요.

❶ 먼저 예와 같이 표에 자신의 직업, 전공, 취미, 특기를 써 보세요.

	仕事 しごと	学生・専攻 がくせい　せんこう	趣味 しゅみ	特技 とくぎ
예 1	観光ガイド かんこう		読書 どくしょ	スキー
예 2		経済 けいざい	映画鑑賞 えいが　かんしょう	英語 えいご

❷ 다음 표현들을 이용하여 예와 같이 대화해 보세요.

- ・（〜は）…です。
- ・（〜は）…ですか？
- ・はい、そうです ／ いいえ、〜じゃありません（〜ではありません）
- ・〜は何ですか？ ／ 〜です
- ・〜の〜　※ 명사와 명사 사이에는 「の」가 들어간다.

新しい ことば　새로운 말
あたら

- □ 仕事（しごと）직업, 일　□ 専攻（せんこう）전공　□ 特技（とくぎ）특기　□ 観光（かんこう）ガイド 관광가이드
- □ スキー 스키　□ 経済（けいざい）경제　□ 英語（えいご）영어

서물레이션 일본어

例 A：シウォンさんは学生ですか？

B：はい、そうです。

A：専攻は何ですか？

B：ぼくの専攻は経済です。山本さんは学生ですか？

A：いいえ、学生じゃありません。観光ガイドです。

B：そうですか。

A：シウォンさんの趣味は何ですか？

B：趣味は映画鑑賞です。山本さんの趣味は何ですか？

A：読書です。シウォンさんの特技は何ですか？

B：特技は英語です。

A：そうですか。私はスキーです。

「私はスキーです」는 「私(の特技)はスキーです」를 생략한 표현이다. 대화의 맥락상 생략해도 이야기가 통할 때에는 이런 식으로도 표현한다.

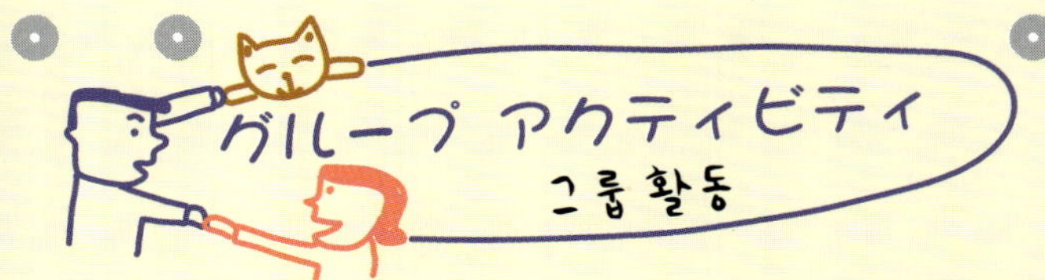

물건 이름을 알아봅시다

❶ 4명 정도가 그룹을 이루어 교실에 있는 물건의 이름을 알아본 뒤 아래 표에 정리하세요.

ひらがな로 표기하는 것과 **カタカナ**로 표기하는 것을 구분하세요. 개인 물건은 제외합니다. 제한 시간은 10분. 모르는 단어는 사전을 이용해도 OK! 10분 후에 각 그룹 대표가 조사한 결과를 칠판에 적고, 가장 많은 정답을 맞춘 그룹이 이기게 됩니다. (보너스 포인트를 걸면 더욱 경쟁이 치열해지겠죠?)

ひらがな	カタカナ
(예) つくえ	ドア

新しい ことば 새로운 말

□ つくえ 책상　□ ドア 도어, 문

アドバイス 알아두기

일본어는 외래어를 가타카나로 표기한다. 「ふでばこ、ペンケース(필통)」와 같이 히라가나, 가타카나 둘 다로 표기하는 경우도 있다.

시뮬레이션 일본어

정답 및 모범 예시 p.176

ⓐ 파티장에서 두 사람이 음식을 보며 대화하고 있습니다.
무슨 요리에 대해 이야기하는지 요리 이름을 써보세요.

	料理の名前
예	パイナップルジュース
1	
2	
3	
4	

참고

アイスクリーム　ジュース　レモン　バナナ

チキン　てんぷら　スパゲッティ　パイナップル

アボガド　ムース　スープ　サーモン　オレンジ

アドバイス 알아두기

한국에서는 기름으로 튀기는 음식을 모두 '튀김'이라고 하지만, 일본에서는 크게 「てんぷら」와 「フライ」로 나누어 빵가루를 묻히는 것을 「フライ」, 밀가루만 묻히는 것을 「てんぷら」라고 한다. 하지만 감자튀김 같이 빵가루 없이도 「ポテトフライ」「フライドポテト」라고 하는 경우도 있다.

정답 및 모범 예시 p.176

◉ 빈칸에 알맞은 말을 써넣으세요.

❶ 石田：(멀리 보면서) 大山さん、＿＿＿＿はワシントンホテル＿＿＿＿＿＿？

大山：いいえ、＿＿＿＿はワシントンホテル＿＿＿＿＿＿＿。
東京都庁です。

❷ 田中：山本さん ＿＿＿ ＿＿＿＿ は何ですか？
山本：観光ガイドです。

田中：じゃ、＿＿＿＿＿ は何ですか？
山本：読書です。

❶ 何ですか？ 무엇입니까?

これは<u>何ですか</u>？ / 専攻は<u>何ですか</u>？

❷ ～ですか？ ～입니까?

あそこはホテル<u>ですか</u>？ / 田中さんは学生<u>ですか</u>？

❸ ～じゃありません / ～ではありません ～이(가) 아닙니다

ホテル<u>じゃありません</u>。 / 会社<u>ではありません</u>。

❹ これ・それ・あれ・どれ 이것・그것・저것・어느 것

これ는 가까운 것, 그것은 조금 떨어진 것, 아레는 멀리 있는 것을 가리킨다.

<u>これ</u>はイミテーションです。 / <u>あれ</u>はねこです。 / <u>どれ</u>がダイヤモンドですか？

こ・そ・あ・ど ①

	가까운 것	조금 떨어진 것	멀리 있는 것	의문
사물	これ	それ	あれ	どれ

❺ ～の… 보통 명사와 명사 사이에는 「の」가 들어간다

韓国<u>の</u>中心はソウルです。 / 私<u>の</u>趣味はスキーです。

❻ ～と… ～와…

新宿は企業<u>と</u>ショッピングの中心です。 / これはバナナ<u>と</u>オレンジのムースです。

정답 및 모범 예시 p.176

일본인의 행동 알아보기

로마에 가면 로마법을 따라야 편하게 지낼 수 있겠지요? 일본인들은 어떻게 행동할까요?
다음 중에서 맞다고 생각하면 ○를, 맞지 않는다고 생각하면 ×표 하세요.

전철편

❶ 전철 안에서 대부분의 사람들은 휴대전화로 통화를 하지 않는다. (　)

❷ 전철 안에서 가끔 잡상인이 물건을 팔러 다닌다. (　)

❸ 비 오는 날 전철 안에서는 자신의 우산을 끈으로 묶어 옆 사람에게 피해를 주지 않으려고 한다. (　)

❹ 노약자가 타면 적극적으로 자리를 양보한다. (　)

❺ 전철을 탈 때 혼잡하면 앞 사람을 살짝 밀기도 한다. (　)

길거리편

❻ 신주쿠 길가에서는 흡연이 금지되어 있다. (　)

❼ 신주쿠에서는 물건을 노상판매하는 사람들이 많다. (　)

❽ 신주쿠는 노숙자가 굉장히 많은 지역이다. (　)

❾ 자전거의 보도 주행은 법으로 금지되어 있지만, 안 지키는 사람들이 많다. (　)

❿ 자동차는 우측통행이다. (　)

시뮬레이션 일본어

➡ 나리타공항 → 신주쿠

나리타에서 신주쿠까지는 나리타 익스프레스나 리무진 버스를 이용하는 것이 요금은 약간 비싸지만 훨씬 편리하다. 돈을 아끼고 싶다면 전철을 여러 번 갈아타는 방법도 있다. 전철을 이용할 경우에 소요 시간은 어느 노선을 이용해도 1시간 30분 전후로 비슷하게 걸린다. 일본에선 대체로 어디를 가든 교통비가 식비만큼 들므로 교통비는 미리 알아보고 예산을 잘 준비해 두자.

➡ 일류 호텔에서 캡슐 호텔까지, 다양한 신주쿠의 호텔

여행에서 비행기 티켓 값 다음으로 차지하는 비용이 호텔 값이라고 하지만 도쿄에서는 어떤 호텔을 선택하느냐에 따라 비용을 얼마든지 절약할 수 있다. 신주쿠에는 일류 호텔부터 캡슐 호텔까지 다양한 가격대의 호텔들이 모여 있다. 캡슐 호텔은 다다미 1장(약 반 평) 정도 공간의 방이 전부인 호텔이지만, 방 안에는 TV, 라디오, 자명종 등 숙박에 필요한 장비가 구비되어 있다. 신주쿠에서 가장 저렴하면서도 평판이 좋은 캡슐 호텔은 「그린 프라자 신주쿠(グリーンプラザ新宿)」로 방도 깨끗하고 대중욕탕도 괜찮다는 평이다.

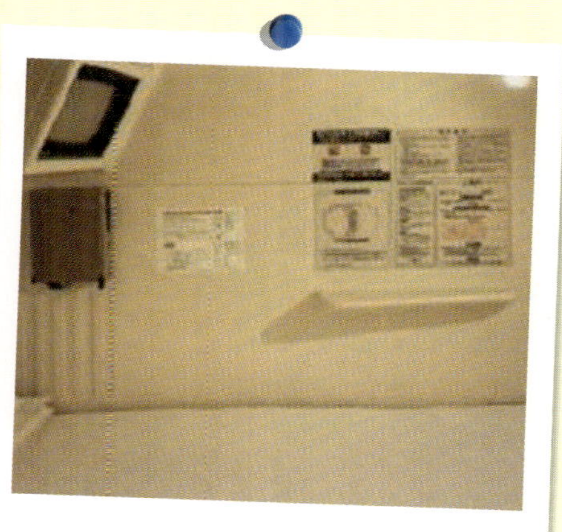

캡슐 호텔이 불편하다면 조금 더 돈을 내고 비즈니스 호텔에 묵는 것도 괜찮다. 신주쿠에 위치한 비즈니스 호텔로는 「신주쿠 워싱턴 호텔新宿(ワシントンホテル)」, 「도쿄 비지니스 호텔(東京ビジネスホテル)」, 「신주쿠 비지니스 호텔(新宿ビジネスホテル)」 등이 있다. 이들 가운데 「도쿄 비지니스 호텔」과 「신주쿠 비즈니스 호텔」은 폐문 시간이 있는데, 일본에는 이렇게 폐문 시간이 있는 호텔들이 많으니 사전 체크는 필수다.

한편 돈을 아끼는 것도 좋지만 무엇보다 몸이 편안한 지 중요한 사람도 있다. 그들에게는 「게이오 프라자 호텔(京王プラザホテル)」이나 「신주쿠 프린스 흐텔(新宿プリンスホテル)」을 추천한다. 초일류 호텔은 아니지만 시설이나 서비스 면에서 비즈니스 호텔보다 훨씬 편안하고 쾌적하다. 인터넷으로 사전에 예약하면 1만 엔 이하의 가격으로도 숙박이 가능하다.

unit 7

아키하바라는 취미의 거리입니다

秋葉原(あきはばら)は趣味(しゅみ)の町(まち)です

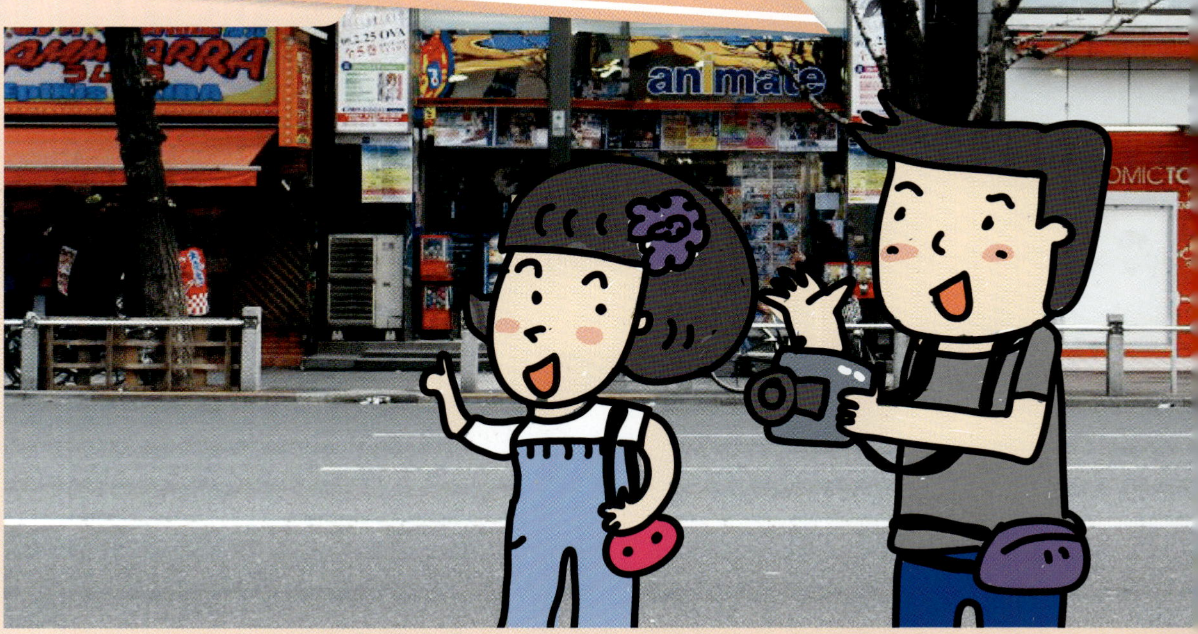

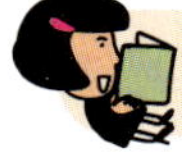

ストーリー 스토리

다음 날 시원과 야마모토는 아키하바라(秋葉原(あきはばら))에서 만났다. 아키하바라는 전기상점가로 유명하지만, 특이한 가게들이 많다.

新(あたら)しい ことば 새로운 말

- 秋葉原(あきはばら) 아키하바라
- 町(まち) 거리, 동네
- おはようございます 안녕하세요(아침 인사)
- 電気屋(でんきや) 전자제품 가게
- あの 저
- 店(みせ) 가게
- まんが屋(や) 만화 가게
- アマチュア 아마추어
- この 이
- 何(なん)の 무슨
- (メイド)カフェ (메이드)카페
- ウェイトレス 웨이트레스
- が ~이(가)
- 人(ひと) 사람
- だれですか 누구입니까?
- ユニフォーム 유니폼
- へー 아 (납득)

山本 ： シウォンさん、おはようございます。

シウォン ： おはようございます。秋葉原は電気屋の町ですね。

山本 ： ええ、電気屋と趣味の町です。

シウォン ： あの店は何ですか？

山本 ： ああ、あの店はまんが屋です。
アマチュアまんがの店です。

シウォン ： この店は何の店ですか？

山本 ： メイドカフェです。

シウォン ： メイドカフェ？　それは何ですか？

山本 ： ウェイトレスがメイドです。

シウォン ： あの人はだれですか？

山本 ： あの人がメイドですよ。
あれがユニフォームです。

シウォン ： へー。

アドバイス　알아두기

아카하바라(秋葉原)는 만화, 애니메이션, 게임소프트 관련의 전문적인 가게들이 꽤 있다. 그래서 아카하바라를 「オタクの町(오타쿠의 거리)」라고도 한다. 「オタク」란 '마니아'를 뜻하는데, 일본에서는 한국만큼 부정적인 이미지는 없다.

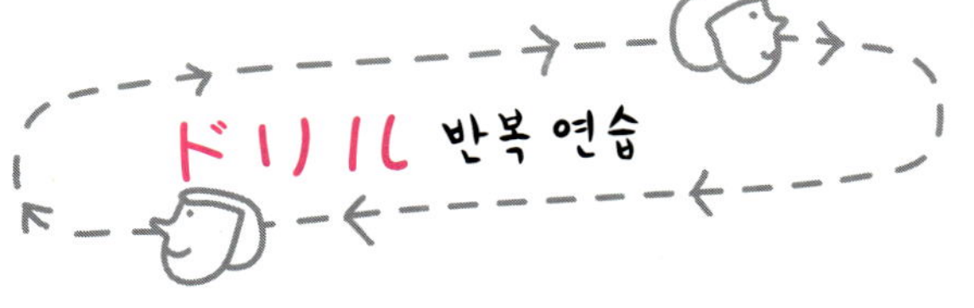

정답 및 모범 예시 p.176

인사말을 연습해 보세요.

❶ 친구 · 가족에게 하는 인사말은 조금 다르다는 것을 염두에 두세요.

	윗사람 · 친하지 않은 사람	친구 · 가족 · 아랫사람
朝 (あさ)	おはようございます	おはよう
昼 (ひる)	こんにちは	
晩(夜) (ばん よる)	こんばんは	
헤어질 때	さようなら 失礼します (しつれい) じゃ(また) / では(また)	じゃ(また) じゃね バイバイ

新しい ことば　새로운 말

☐ 朝(あさ) 아침　☐ 昼(ひる) 낮　☐ 晩(ばん) / 夜(よる) 밤

☐ こんにちは 안녕하세요 (낮 인사)　☐ こんばんは 안녕하세요 (밤 인사)　☐ さようなら 안녕히 가세요(계세요)

☐ 失礼(しつれい)します 실례합니다　☐ じゃ(また) / では(また) 그럼, 또 만나요/ 또 뵙겠습니다

☐ じゃね 안녕 (헤어질 때)　☐ バイバイ 바이바이, 안녕 (헤어질 때)

アドバイス　알아두기

특히 친구나 가족 같은 친한 사람 사이에서는 「こんにちは(わ)」「こんばんは(わ)」는 잘 안 쓰고, 이름을 부르거나 제스처로 대신 인사하기도 한다.

시뮬레이션 일본어

❷ 아래 상황에서는 어떤 인사말을 쓸지 적어 보세요.

pm 8:00
秋葉原
① (   )

am 9:00
부장
② (   )

pm 2:00
③ (   )

am 7:00
④ (   )

pm 7:00
⑤ (   )

pm 8:00
⑥ (   )

pm 6:00
⑦ (   )

선생님께♥
안녕하세요?
⑧ (   )

会話(かいわ)トレーニング 회화 연습

❶ 여기는 파티장입니다. A와 B가 되어 유명 인사를 닮은 손님들에 대해 예와 같이 대화해 보세요.
(가까이에 있는 사람은 「この」, 조금 떨어진 곳에 있는 사람은 「その」, 멀리 있는 사람은 「あの」를 써서 구별하세요.)

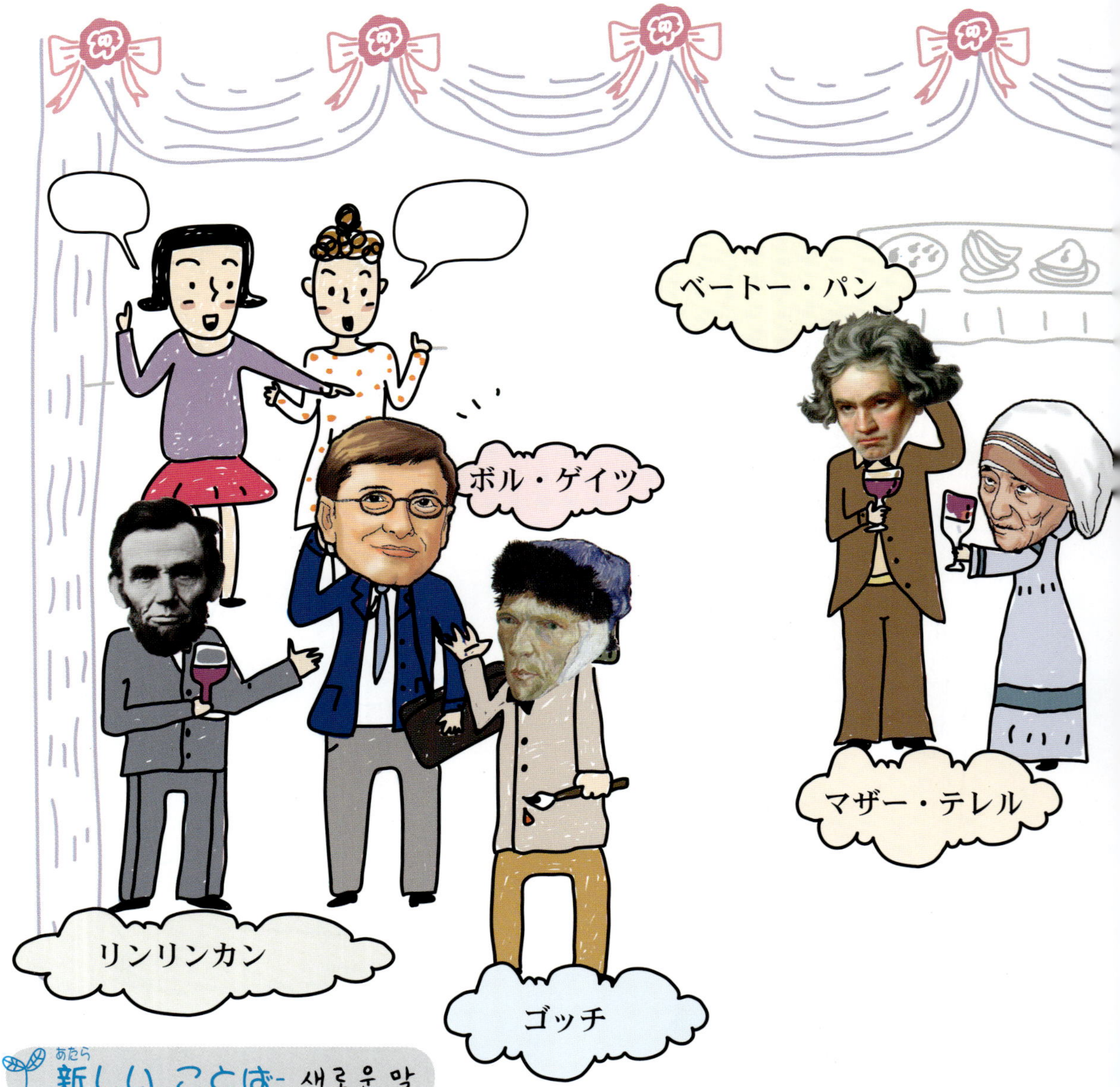

新(あたら)しい ことば- 새로운 말

□ え 어 (뜻밖에 일에 약한 놀랐을 때)　□ その 그　□ どの 어느

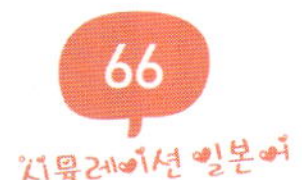

例 A：<u>この人</u>はだれですか？
　　<u>ビル・ゲイツ</u>ですか？

B：え、どの人ですか？
　　ああ、<u>その人</u>は <u>ビル・ゲイツ</u>
　　じゃありません。
　　<u>ボル・ゲイツ</u>です。

A：あ、<u>ボル・ゲイツ</u>ですか。

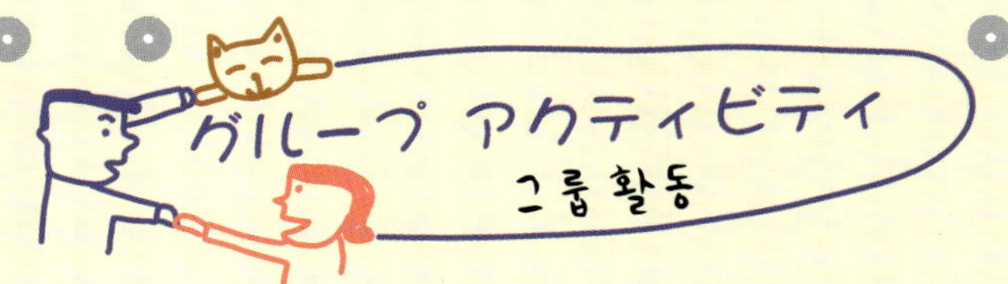

정답 및 모범 예시 p.176

❶ 3명 정도 그룹을 이루어 [참고]에 나와 있는 표현을 사용하여 [보기]에서 답을 찾는 대화를 나누어 보세요.

예 この人はだれですか？

A : だれですか？　この人。

B : ソクラテスですか？

C : いえ、ソクラテスじゃありません。多分プラトンです。

B : プラトンじゃないですよ。

A : じゃ、アリストテレスですか？

B : いいえ、ソクラテスじゃないですか？

A : そうですね。多分ソクラテスですね。

참고
・ 〜ですか
・ だれですか
・ 〜じゃありません（よ）/
　〜じゃないです（よ）
・ 〜じゃありませんか/
　〜じゃないですか
・ 多分 〜です
・ そうですね

보기
ソクラテス
プラトン
アリストテレス

① このタワーは何ですか？

보기
マリンタワー（日本）
CNタワー（カナダ）
エッフェル塔（フランス）

② この山は何ですか？

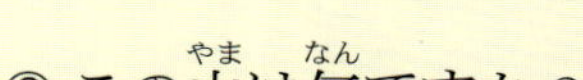

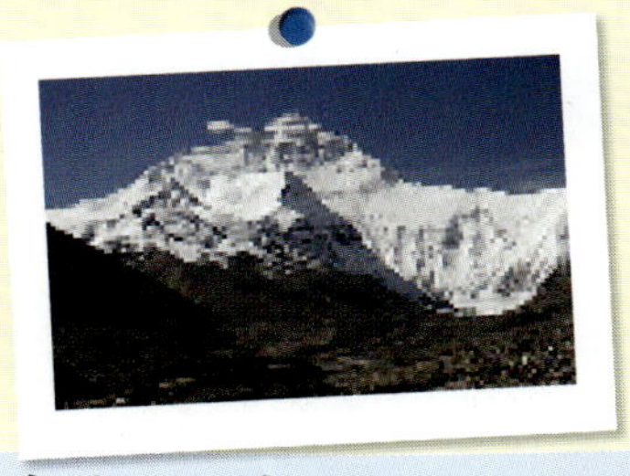

キリマンジャロ　　エベレスト
보기
富士山

③ この人はだれですか？

보기
シューベルト　　モーツアルト　　ショパン

耳のトレーニング 듣기 연습   track 7-2   정답 및 모범 예시 p.177

◎ 잘 듣고 남자와 여자의 관계를 고르세요.

	친구 관계	상하 관계	별로 친하지 않은 지인
		○	
1			
2			
3			
4			
5			
6			

新しい ことば 새로운 말

- ☐ ～じゃないです ～가 아닙니다(～じゃありません과 같은 표현)
- ☐ ～じゃありませんか？/ ～じゃないですか？ ～가 아닙니까？   ☐ 多分(たぶん) 아마
- ☐ ソクラテス 소크라테스   ☐ プラトン 플라톤   ☐ アリストテレス 아리스토텔레스   ☐ エッフェル塔(とう) 에펠탑
- ☐ キリマンジャロ 킬리만자로   ☐ エベレスト 에베레스트   ☐ 富士山(ふじさん) 후지산   ☐ シューベルト 슈베르트
- ☐ モーツアルト 모차르트   ☐ ショパン 쇼팽
- ☐ ～君(くん) ～군(친구나 손아랫사람의 이름에 붙여 쓰는 말로서 주로 남자가 쓰는 표현)
- ☐ うん 응(はい나 いいえ 대신 친한 사이에서 쓰는 표현)

◎ 빈칸에 알맞은 말을 써넣으세요.

❶ A：あの店は ＿＿＿＿＿＿＿ 店ですか？ (무슨 가게입니까?)

B：あれはアマチュアまんがの店です。

❷ A：あの人は ＿＿＿＿＿＿＿？

B：え、＿＿＿＿＿＿＿人ですか？ (어느 사람입니까?)

A：あの人ですよ。

B：ああ、あの人は田中さんです。

❸ A：先生、＿＿＿＿＿＿＿。

B：お、山田さん、おはよう。

❹ (헤어질 때)

A：課長、では ＿＿＿＿＿＿＿。

B：うん。じゃ。

新しい ことば　새로운 말

□ 先生(せんせい) 선생님　　□ 課長(かちょう) 과장(님)　　□ ビル 빌딩

시뮬레이션 일본어

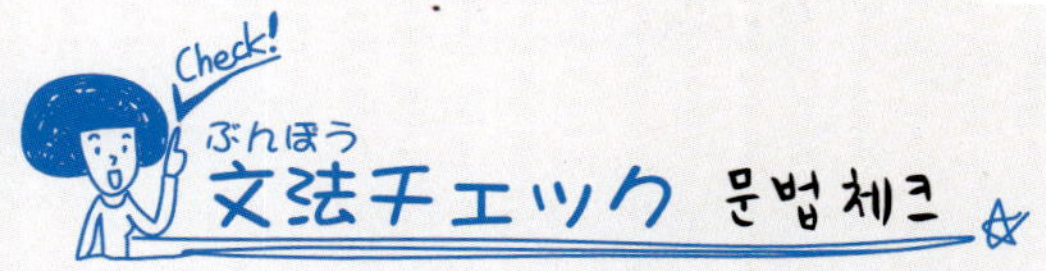

❶ この・その・あの・どの (이·그·저·어느) + N(명사)

「この」는 가까운 것, 「その」는 조금 떨어진 것, 「あの」는 멀리 떨어진 것을 가리킨다.

<u>この</u>ビルは学校です。 / <u>あの</u>たばこはチョコレートです。 /

<u>どの</u>人が山本さんですか？

こ・そ・あ・ど ②

	가까운 것	조금 떨어진 것	멀리 있는 것	의문
사물	これ	それ	あれ	どれ
사물(+명사)	この	その	あの	どの

❷ だれですか？ 누구입니까?

この人は<u>だれ</u>ですか？ / あの人は<u>だれ</u>ですか？

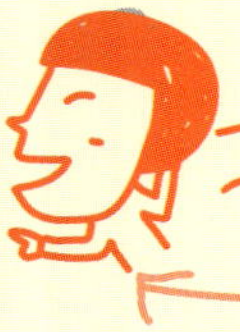

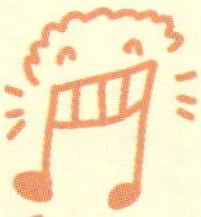

정답 및 모범 예시 p.177

아키하바라는 오타쿠(オタク)라고 불리는 마니아의 거리로 유명합니다. 그럼 실제로 아키하바라에는 어떤 가게들이 있는지 상상력을 발휘해서 A군(실제 가게명)과 B군(영업 내용)을 선으로 이어 보세요.

A군

B군

① ガンダム ショップ

ア.

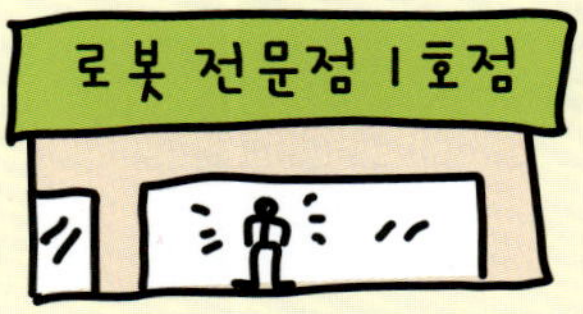

② まんがランド

イ.

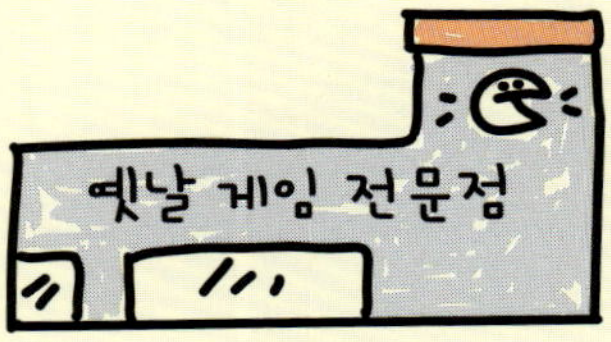

③ ハイジ クラブ

ウ.

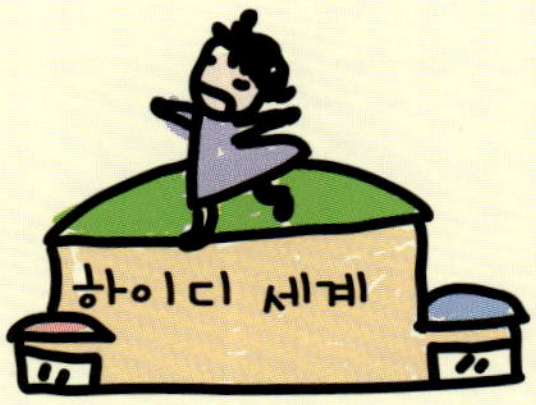

④ ツクモ ロボット王国（おうこく）

エ.

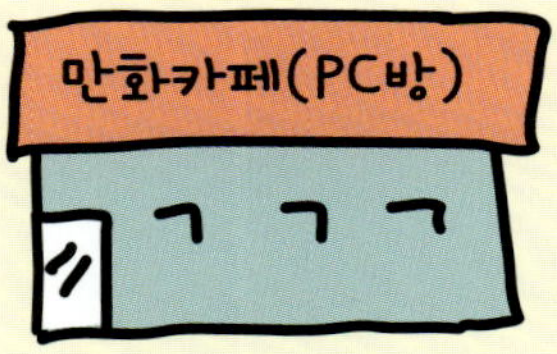

⑤ レトロゲームキャンプ

オ.

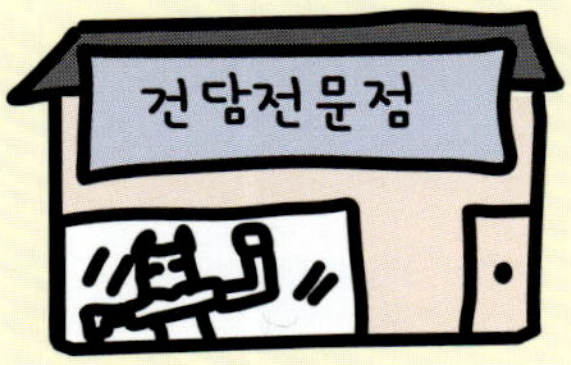

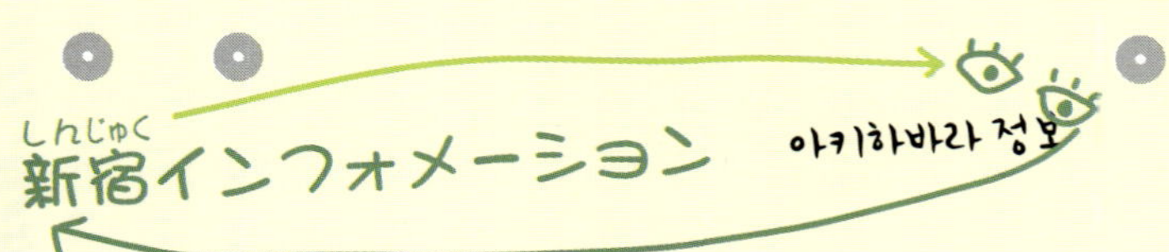

신주쿠 → 아키하바라

신주쿠역에서 아키하바라역까지 가는 가장 빠른 방법으로는 중앙선(쾌속)을 타고 가다 간다역에서 야마노테선으로 갈아타는 방법이 있다. 소요시간은 약 17분. 하지만 쾌속 전철을 탈 자신이 없다면 야마노테선을 타고 환승 없이 가는 것도 좋은 방법이다. 쾌속 전철을 타는 것보다 시간은 두 배 정도 걸린다.

아키하바라에서 시작된 이색 코스프레 음식점, 메이드 카페

"다녀오셨습니까? 주인님." 메이드 코스프레 음식점, 일명 메이드 카페에 들어서면 점원이 건네는 인사말이다. 최근 일본 번화가에서도 쉽게 찾아볼 수 있는 메이드 카페는 오타쿠 문화의 발상지이자 전자상점가로 유명한 아키하바라에서 시작됐다. 흥미롭게도 이러한 메이드 카페는 젊은 남성뿐 아니라 젊은 여성들도 의외로 많이 찾고 있으며, 20대부터 50대까지 폭넓은 세대의 지지를 받고 있다. 또한 이런 이색적인 광경을 보러 찾아오는 외국인 관광객도 적지 않다.

대부분의 점원들은 애니메이션 등장인물의 캐릭터나 귀여운 패션을 사랑하는 10대~20대의 여성들이다. 이러한 가게에서는 다양한 이벤트를 열기도 하는데, 예를 들면 '고양이 귀 Day'에는 메이드들이 고양이 귀 모양의 머리띠를 쓰고 '집사 Day'에는 메이드들이 집사 복장을 한다.

한편 일시적인 유행으로 시작된 메이드 계열 가게의 인기는 여전히 계속되고 있다. 요새는 메이드 카페가 점차 일반화되면서 '메이드 바', '메이드 릴렉스 맛사지 살롱', '메이드 출장 가정부 서비스' 등 다양한 분야에서 '萌え(모에: 게임이나 애니메이션 등의 여성 캐릭터에 대한 사랑이나 호감)'를 타겟으로 한 사업이 늘어나는 추세다. 또 일부 점포는 태국에 가게를 내기도 하는 등 글로벌한 현상으로 나타나고 있기도 하다.

unit 8

原宿の若者ファッションです
はらじゅく　わかもの

 ストーリー 스토리

시원과 야마모토가 화려한 젊은이들의 패션으로 유명한 하라주쿠(原宿)에 놀러 갔다.

新しい ことば 새로운 말
あたら

- □ 原宿(はらじゅく) 하라주쿠　　□ 若者(わかもの) 젊은이　　□ ファッション 패션　　□ 店員(てんいん) 점원
- □ いらっしゃいませ (가게에서) 어서 오세요　　□ シャツ 셔츠　　□ どこですか 어디입니까?　　□ はい 네
- □ ２階(にかい) 2층　　□ ここ 여기　　□ 服(ふく) 옷　　□ カラフル 컬러풀　　□ 趣味(しゅみ) 취향, 취미
- □ すみません 저기요　　□ いくらですか 얼마입니까?　　□ そこ 거기　　□ 全部(ぜんぶ) 전부　　□ 3000円(えん) 3000엔
- □ ～か ～라, ～지 (상대방의 말을 되새기며 스스로 생각할 때)　　□ ください 주세요　　□ ありがとうございます 감사합니다

店員（てんいん）	：	いらっしゃいませ。
シウォン	：	あの、シャツはどこですか？
店員（てんいん）	：	はい、2階（にかい）です。
シウォン	：	ここの服（ふく）はカラフルですね。
山本（やまもと）	：	ええ、原宿（はらじゅく）の若者（わかもの）ファッションです。
シウォン	：	あ、これ、ぼくの趣味（しゅみ）だ。
		すみません、このシャツ、いくらですか？
店員（てんいん）	：	はい、そこのシャツは全部（ぜんぶ）、3000円（えん）です。
シウォン	：	3000円（えん）か……。じゃ、これください。
店員（てんいん）	：	はい、ありがとうございます。

アドバイス 알아두기

「すみません」

「すみません」의 가장 기본적인 뜻은 '미안합니다'이다. 또, 상대방이 자신에게 고마운 일을 해줬을 때 하는 가벼운 감사표현으로도 자주 사용된다. 여기서는 '저기요', '여보세요'와 같이 말을 거는 표현으로 사용되었다.

정답 및 모범 예시 p.177

 지도를 보면서「ここ・そこ・あそこ」를 사용하여 길을 묻는 연습을 해 보세요.

(「ここ」는 가까운 곳,「そこ」는 조금 떨어진 곳,「あそこ」는 멀리 있는 곳을 가리킬 때 사용하세요.)

예 原宿駅 (현재 위치 A)

A：あの、すみません、原宿駅はどこですか？

B：原宿駅ですか。そこですよ。

A：あ、どうもありがとうございます。

❶ セブン・イレブン (현재 위치 B)

❷ ラフォーレ 原宿 (현재 위치 F)

❸ マクドナルド (현재 위치 D)

❹ ロッテリア（현재 위치 E）

❺ ムラサキスポーツ（현재 위치 C）

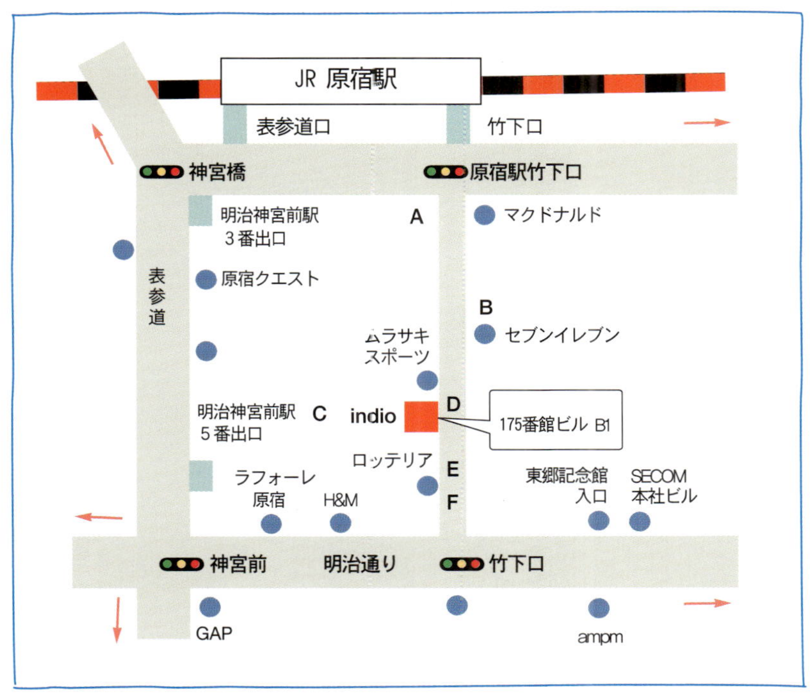

新しい ことば　새로운 말

□ あそこ 저기　□ 駅（えき）역　□ どうもありがとうございます 대단히 감사합니다

숫자 세기

① 물건을 사기 위해서는 가격(숫자)을 읽고 알아들을 수 있어야 합니다. 다음 숫자를 소리내어 읽어 보세요.

1	2	3	4	5
いち	に	さん	し / よん	ご
6	7	8	9	10
ろく	しち / なな	はち	きゅう / く	じゅう

11	12	13	14	15
じゅういち	じゅうに	じゅうさん	じゅうし じゅうよん	じゅうご
16	17	18	19	20
じゅうろく	じゅうしち じゅうなな	じゅうはち	じゅうきゅう じゅうく	にじゅう

30	40	50	60	70
さんじゅう	しじゅう よんじゅう	ごじゅう	ろくじゅう	しちじゅう ななじゅう
80	90	100		
はちじゅう	きゅうじゅう	ひゃく		

200	300	400	500	600
にひゃく	さんびゃく	よんひゃく	ごひゃく	ろっぴゃく
700	800	900	1000	
ななひゃく	はっぴゃく	きゅうひゃく	せん	

2000	3000	4000	5000	6000
にせん	さんぜん	よんせん	ごせん	ろくせん
7000	8000	9000	10000	
ななせん	はっせん	きゅうせん	いちまん	

서울레케이션 일본어

20000	30000	40000	50000	60000
にまん	さんまん	よんまん	ごまん	ろくまん
70000	80000	90000	100000	
ななまん	はちまん	きゅうまん	じゅうまん	

❷ 아래와 같이 게임을 해 보세요.

1. 3~4명이 그룹을 이룬다.

2. 그룹의 인원수만큼 A4용지를 준비하고, A4용지 모두를 16등분으로 자른다.

3. 각자 5자리 수의 숫자를 적당히 조합하여 종이 16조각에 적어 넣는다.
   (예: 35972)

4. 숫자가 적힌 종이를 모두 모아 잘 섞어서 덮어 놓는다.

5. 순서대로 종이를 뒤집으며 숫자를 큰 소리로 읽는다. 이때 제대로 읽으면 그 종이
   를 갖고, 틀리면 반납한다.

6. 다 읽고 나면 각자 모은 종이를 세어 본다. 가장 많이 모은 사람이 이긴다.

   ※ 5자리 수가 어려우면 4자리 수로 하세요.

전화번호나 주소의 번지 등을 말할 때는 7을 「しち」보다 「なな」라고 많이 한다. 「しち(7)」를 「いち
(1)」로 잘못 알아듣는 경우가 종종 있기 때문이다.

❶ 옷 가게에서 오늘 전 제품 40% 세일을 하고 있습니다. 표시된 가격은 모두 세일 전의 가격입니다. 예와 같이 대화를 나누어 보세요.

예　A：いらっしゃいませ。

　　B：あの、<u>ぼうし</u>はどこですか？

　　A：はい、<u>ぼうし</u>は<u>あそこ</u>です。／<u>あちら</u>です。

　　B：(제품을 들고) すみません、この<u>ぼうし</u>、いくらですか？

　　A：はい、それは…<u>1200</u>円です。

　　B：じゃ、これください。

　　A：はい、ありがとうございます。

☐ ぼうし 모자　　☐ あちら 저쪽　　☐ Ｔシャツ 티셔츠　　☐ ズボン 바지　　☐ セーター 스웨터　　☐ ベルト 벨트

☐ スーツ 정장　　☐ ネクタイ 넥타이

가게 점원은 물건을 가리킬 때는 「ここ・そこ・あそこ」보다 정중한 표현인 「こちら・そちら・あちら (이쪽・그쪽・저쪽)」를 많이 사용한다.

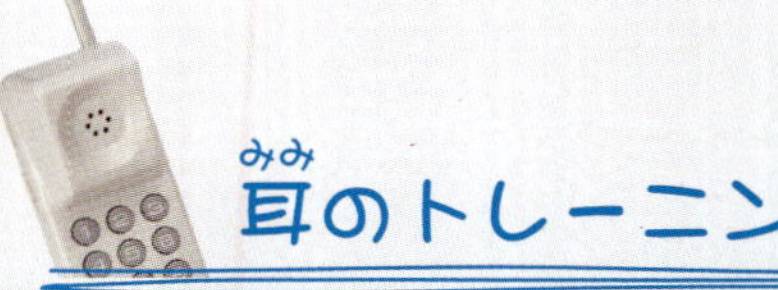

⑥ 옷 가게에 세 명의 손님이 왔습니다. 각자 얼마에 어떤 물건을 샀는지 빠짐 없이 써 보세요.

	산 물건
예	3,000円のベルト
1	
2	
3	

- どうも 고맙습니다
- セール 세일
- パーセント 퍼센트
- 客(きゃく) 손님
- スカーフ 스카프
- デパート 백화점

일본 서비스업 쪽은 손님에게 대단히 정중하게 대하는 것을 당연하게 생각한다. 손님이 아무것도 안 사고 나가도 점원은 보통 친절하게 「ありがとうございます」「ありがとうございました」라고 말한다.

시뮬레이션 일본어

手^てのトレーニング 쓰기연습

◎ 빈칸에 알맞은 말을 써넣으세요.

❶ 店員^{てんいん} ：＿＿＿＿＿＿＿。
　客^{きゃく} 　：あの、スカーフは ＿＿＿＿＿＿＿？
　店員^{てんいん} ：はい、スカーフはそちらです。
　客^{きゃく} 　：どうも。
　　　　　＿＿＿＿＿＿＿。このスカーフは ＿＿＿＿＿＿？
　店員^{てんいん} ：そこのスカーフは、全部^{ぜんぶ}2500円^{えん}です。
　客^{きゃく} 　：2500円^{えん}か…、じゃ、これ ＿＿＿＿＿＿。
　店員^{てんいん} ：はい、＿＿＿＿＿＿。

文法^{ぶんぽう}チェック 문법 체크

❶ どこですか？　어디입니까?

スーツは<u>どこですか</u>？ ／ 原宿駅^{はらじゅくえき}は<u>どこですか</u>？

❷ ここ・そこ・あそこ　여기・거기・저기
「ここ」는 가까운 곳, 「そこ」는 조금 떨어진 곳, 「あそこ」는 걸리에 있는 곳을 가리킨다.

シャツは<u>ここ</u>です。 ／ デパートは<u>あそこ</u>です。

こ・そ・あ・ど ③

	가까운 것	조금 떨어진 것	멀리 있는 것	의문
사물	これ	それ	あれ	どれ
사물(+명사)	この	その	あの	どの
장소	ここ	そこ	あそこ	どこ

❸ いくらですか？　얼마입니까?

このぼうし、<u>いくらですか</u>？ ／ たこやきは<u>いくらですか</u>？

❹ ください　주세요

このセーター、<u>ください</u>。 ／ これ、<u>ください</u>。

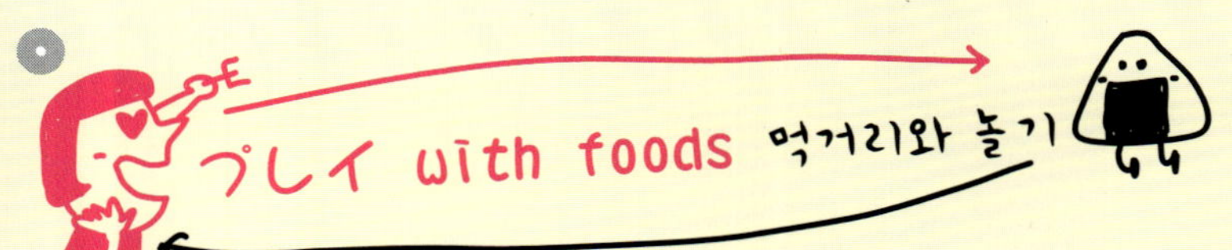

정답 및 모범 예시 p.177–178

일본 음식을 먹을 때의 매너

여러분은 초밥, 튀김, 덮밥, 생선요리 등의 일본 음식을 먹을 때 지켜야 할 매너에 대해 얼마나 알고 있나요? 빈칸에 알맞은 말을 써넣으세요.

❶ 일본 음식점(양식 등 제외)에서는 물 대신 녹차가 제공될 때가 많다.
  이 녹차는 보통 (0/10) 엔이다.

❷ 밥은 (   ) 로 먹는다. (도구)

❸ (   ) 그릇이나 (   ) 그릇은 손에 들고 먹는다.

❹ 밥그릇의 크기는 한국 것보다 (   ) 고, 밥의 양도 한국보다 (   ).

❺ 일본요리에는 한국의 된장국과 비슷한 「みそしる」가 있다. 이 「みそしる」는 메인 요리가 될 수 (있다/없다).

❻ 일본인은 한국의 국밥 같이 국물과 밥을 섞어서 (먹는다/안 먹는다).

❼ 생선 등의 가시나 껍질은 반드시 (   ) 에 놓아야 한다.

❽ 식당에서 반찬 추가는 공짜로 할 수 (있다/없다).

❾ 「すきやき、なべ」 등의 전골을 다 같이 먹을 때도 자신의 (   ) 을 냄비에 넣으면 안 된다.

❿ 다다미 방에서 식사할 때 책상 다리를 하는 사람이 (있다/없다).

新しい ことば 새로운 말

□ みそしる 일본 된장으로 만든 국물   □ すきやき 스키야키(고기 전골 요리)   □ なべ 전골(요리), 냄비

시뮬레이션 일본어

신주쿠 → 하라주쿠

하라주쿠는 신주쿠에서 전철로 약 4분 정도 거리에 위치해 있다. JR야마노테센(山手線) 다케시타 입구(竹下口)에 있는 다케시타 거리(竹下道) 주변은 주로 젊은이들의 로드숍이 자리잡고 있고, 오모테산도(表参道) 입구 주변에는 주로 부티크나 브랜드숍, 그리고 고급 레스토랑들이 많다. 이색적인 스타일을 보고 싶다면 오모테산도 입구에서 도보로 3~4분 정도 거리에 있는 요요기공원(代々木公園)으로 가 보자.

젊은이들의 거리 하라주쿠

일본 최첨단의 패션을 속출해 내는 하라주쿠. 예나 지금이나 하라주쿠를 장악해 온 건 언제나 젊은이들이다. 주말이 되면 어김없이 그들은 자기만의 개성을 살린 이색적인 패션으로 거리를 활보한다. 하라주쿠가 젊은이 문화의 정보 발신 기지로서 기반을 다진 건 1960년대이다. 이후 1970년대 초반, 일본 패션 잡지가 처음으로 만들어지면서 하라주쿠는 '젊은이들의 거리'로 널리 알려지게 되었다.

국경을 뛰어넘은 코스프레 혼(魂)

'코스프레'란 주로 특정 애니메이션, 만화, 게임, 가수 등의 마니아들이 자신이 좋아하는 캐릭터의 의상을 본떠 만든 옷을 입고 스스로 그 캐릭터가 되는 것을 말한다. 코스튬 플레이어의 주를 이루는 것은 일본인이지만, 요새는 외국인 관광객들도 합세하는 추세다. 자기 나라에선 할 수 없는 귀중한 경험을 하러 온다고 한다. 이곳에 오면 주위의 눈치를 볼 필요 없이 자유롭게 뭐든지 입을 수 있다는 이유에서이다. 코스프레를 보러 오는 외국인들에게는 특히 '고스로리(고딕 + 로리타)' 패션이 인기라고 한다.

しぶや
渋谷のスクランブル交差点は
ダイナミックです

ストーリー 스토리

시원과 야마모토는 시부야(渋谷)를 대표적으로 상징하는 스크램블 교차로에 서 있다.

新しい ことば 새로운 말

☐ 渋谷(しぶや) 시부야　☐ スクランブル交差点(こうさてん) 스크램블 교차로　☐ ダイナミック 다이나믹

☐ ～も ~도　☐ 多(おお)い 많다　☐ いえ 아뇨　☐ あまり (부정문에서) 그다지

☐ 多(おお)くありません(よ) 많지 않습니다　☐ 月曜日(げつようび) 월요일　☐ ～から ~때문에 (이유)

☐ 高(たか)い 높다/비싸다　☐ 高(たか)くて細(ほそ)い 높고 가는　☐ ～の ~인 (동격)

☐ 高(たか)くない 비싸지 않다　☐ 上(うえ) 위　☐ レストラン 레스토랑　☐ バー 바　☐ 一杯(いっぱい) 한 잔

☐ どうですか 어떻습니까?　☐ いい 좋다

山本　：　ここがスクランブル交差点です。

シウォン　：　ダイナミックですね。人も多いですね。

山本　：　いえ、あまり多くありませんよ。月曜日ですから。

シウォン　：　そうですか。あの高いビルは何ですか？
高くて細いビルです。

山本　：　あれはファッションビルの１０９です。

シウォン　：　あそこの服は高いですか。

山本　：　あまり高くないですよ。

シウォン　：　上はレストランですか？

山本　：　はい、レストランとバーです。
あそこで、一杯、どうですか？

シウォン　：　いいですね。

❶ 다음 イ형용사를 소리 내어 읽어 보세요.

<ruby>大<rt>おお</rt></ruby>きい / <ruby>小<rt>ちい</rt></ruby>さい

<ruby>多<rt>おお</rt></ruby>い / <ruby>少<rt>すく</rt></ruby>ない

<ruby>高<rt>たか</rt></ruby>い / <ruby>低<rt>ひく</rt></ruby>い

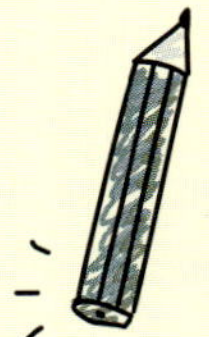

<ruby>長<rt>なが</rt></ruby>い / <ruby>短<rt>みじか</rt></ruby>い

<ruby>広<rt>ひろ</rt></ruby>い / せまい

<ruby>太<rt>ふと</rt></ruby>い / <ruby>細<rt>ほそ</rt></ruby>い

<ruby>明<rt>あか</rt></ruby>るい / <ruby>暗<rt>くら</rt></ruby>い

<ruby>遠<rt>とお</rt></ruby>い / <ruby>近<rt>ちか</rt></ruby>い

<ruby>新<rt>あたら</rt></ruby>しい / <ruby>古<rt>ふる</rt></ruby>い

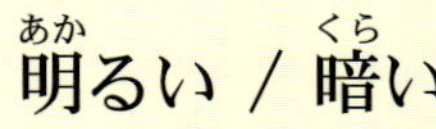

<ruby>重<rt>おも</rt></ruby>い / <ruby>軽<rt>かる</rt></ruby>い

<ruby>高<rt>たか</rt></ruby>い / <ruby>安<rt>やす</rt></ruby>い

<ruby>早<rt>はや</rt></ruby>い / おそい

暑い / 寒い

熱い / 冷たい

おいしい / まずい

おもしろい / つまらない

難しい / やさしい

いい・よい / 悪い

❷ 2〜3명이 그룹을 이루어 다음 사물의 성질을 일본어로 표현해 보세요.

ビル	デパート	朝	赤ちゃん	ソウル	たこやき
読書	まんが	Tシャツ	家族	お金	エベレスト
英語	ダイヤモンド	学生	テスト	足	かみ(の毛)
新宿	たばこ	キャンディー	へや	教室	さしみ

新しい ことば 새로운 말

- □ デパート 백화점 □ 家族(かぞく) 가족 □ お金(かね) 돈 □ テスト 테스트 □ 足(あし) 다리
- □ かみ(のけ) 머리카락 □ へや 방 □ 教室(きょうしつ) 교실 □ さしみ 회

ドリル 반복 연습

예와 같이 말해 보세요.

예 イタリア料理（りょうり）

A：イタリア料理（りょうり）はどんな料理（りょうり）ですか？
B：おいしくて　（値段（ねだん）が）　高（たか）いです。

❶ 東京（とうきょう）

A：＿＿＿＿＿＿＿＿＿はどんな所（ところ）ですか？
B：＿＿＿＿＿＿＿＿＿くて ＿＿＿＿＿＿＿＿＿です。

❷ あなたの学校（がっこう）・会社（かいしゃ）

A：＿＿＿＿＿＿＿＿＿はどんな所（ところ）ですか？
B：＿＿＿＿＿＿＿＿＿くて ＿＿＿＿＿＿＿＿＿です。

新（あたら）しい ことば 새로운 말

- □ イタリア料理（りょうり）이탈리아 요리　□ どんな 어떤　□ 値段（ねだん）가격　□ 所（ところ）곳
- □ あなた 당신　□ さいふ 지갑　□ 月（つき）달

❸ あなた

A：＿＿＿＿＿＿＿＿＿はどんな人ですか？

B：＿＿＿＿＿＿くて ＿＿＿＿＿＿＿です。

❹ あなたのさいふ

A：＿＿＿＿＿＿＿＿＿はどんなさいふですか？

B：＿＿＿＿＿＿くて ＿＿＿＿＿＿＿です。

❺ 月

A：＿＿＿＿＿＿＿＿＿はどんな所ですか？

B：＿＿＿＿＿＿くて ＿＿＿＿＿＿＿です。

「いい/よい」는 뜻은 같지만 활용할 때는 「よくて/よくありません」과 같이 「よい」를 사용한다.
실제 대화에서는 「あなた」는 많이 안 쓴다. 이름을 모를 때나 쓰는 거리감 있는 말이다.

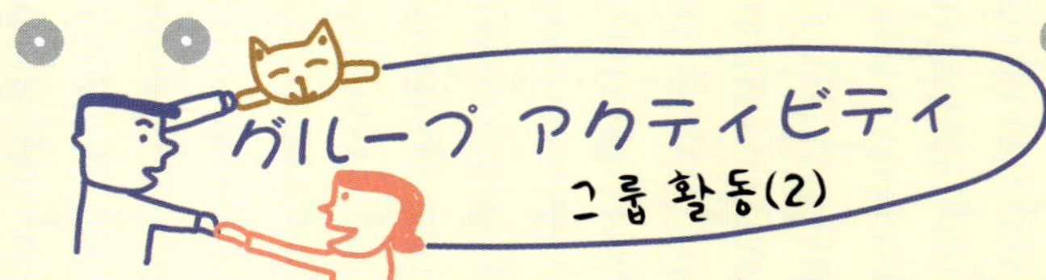

나라 맞추기

❶ 4명 정도가 그룹을 이루어 각자 마음 속에 살고 싶은 나라를 선택하고, 그 나라의 특징을 아래 표의 イ형용사에서 고르세요. 어디를 선택했는지는 비밀로 합니다.

		그 나라의 특징
国 （くに）	大（おお）きい / 小（ちい）さい / 広（ひろ）い / せまい	
気候 （きこう）	暑（あつ）い / 寒（さむ）い / 暖（あたた）かい / すずしい	
人 （ひと）	多（おお）い / 少（すく）ない	
物価 （ぶっか）	高（たか）い / 安（やす）い	
ビル	高（たか）い / 低（ひく）い / 多（おお）い / 少（すく）ない	
位置 （いち）	遠（とお）い / 近（ちか）い	
料理 （りょうり）	おいしい / まずい	
ヒント		

❷ 다음 표현을 사용하여 예와 같이 자유롭게 질문하면서 친구가 어느 나라를 선택했는지 맞추어 보세요.

- ＿＿＿＿＿は＿＿＿＿＿ですか？
- はい/ええ、＿＿＿＿＿です。
- いいえ、＿＿＿＿＿くありません。 / ＿＿＿＿＿くないです。
- ＿＿＿＿＿はどうですか？
- ＿＿＿＿＿くて＿＿＿＿＿です。

시뮬레이션 일본어

예 Q1 ： その国（くに）は大（おお）きいですか？

A ： はい、とても大（おお）きいです。

Q2 ： 気候（きこう）はどうですか？

A ： 寒（さむ）いです。

Q3 ： 物価（ぶっか）は高（たか）いですか？

A ： あまり高（たか）くありません。

Q4 ： 人（ひと）は多（おお）いですか？

A ： いいえ、あまり多（おお）くありません。国（くに）が大（おお）きいですから。

Q5 ： ヒントをください。

A ： 韓国人（かんこくじん）も多（おお）いです。

Q6 ： カナダですか？

A ： そうです。

新（あたら）しい ことば 새로운 말

- □ 国（くに） 나라　□ 気候（きこう） 기후　□ 暖（あたた）かい 따뜻하다　□ すずしい 시원하다　□ 物価（ぶっか） 물가
- □ 位置（いち） 위치　□ ヒント 힌트　□ とても 대단히, 아주　□ 韓国人（かんこくじん） 한국인
- □ ～くありません/～くないです ～지 않습니다　□ カナダ 캐나다

手^てのトレーニング　쓰기연습

⑩ 빈칸에 알맞은 말을 써넣으세요.

❶ A：月曜日^{げつようび}の渋谷^{しぶや}は人^{ひと}が多^{おお}いですか？

　 B：いいえ、あまり ＿＿＿＿＿＿＿＿＿＿。

　 A：あの ＿＿＿＿＿＿＿＿ビルは何^{なん}ですか？

　 　 ＿＿＿くて ＿＿＿＿＿＿＿ビルです。

　 B：ああ、あれは１０９^{いちまるきゅう}です。

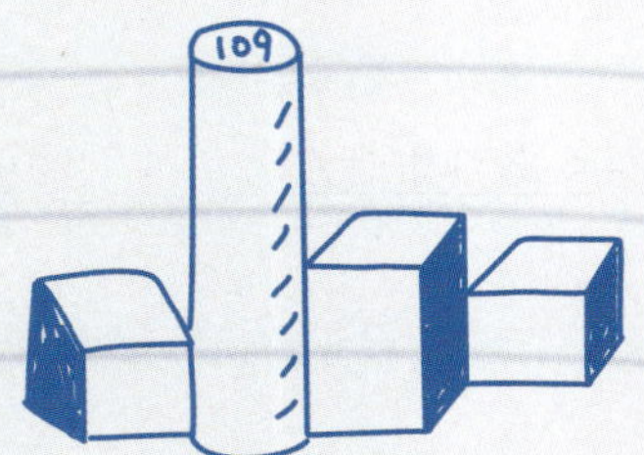

❷ A：カナダの住宅^{じゅうたく}は ＿＿＿＿＿＿＿？　(어떻습니까?)

　 　 高^{たか}いですか？　安^{やす}いですか？

　 B：あまり ＿＿＿＿＿＿＿。国^{くに}が ＿＿＿＿＿から。

新^{あたら}しい ことば　새로운 말

☐ 住宅（じゅうたく）주택

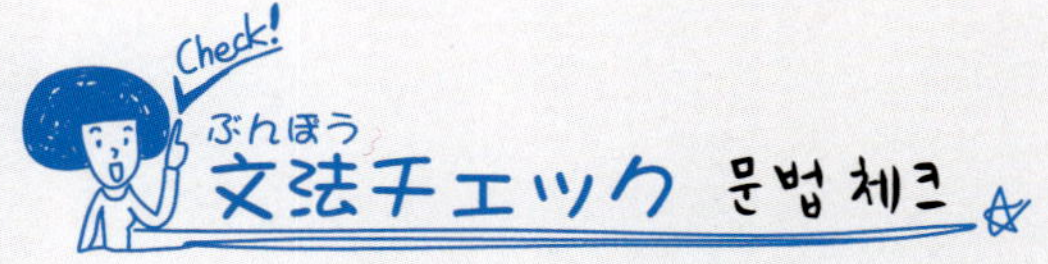

❶ **イ形용사 (〜い)です** 〜ㅂ니다 (イ형용사 : い로 끝나는 형용사)

カナダは寒いです。 / あのレストランは高いです。

❷ **イ형용사 (마지막의 い를 빼고) 〜くありません / 〜くないです** 〜지 않습니다

109は遠くありません。 / 韓国は広くないです。

❸ **イ형용사 (마지막의 い를 빼고) 〜くて…** 〜고, … (성질을 나열)

109は高くて細いです。 / イタリア料理はおいしくて高いです。

❹ **イ형용사 + N(명사)** 〜한 N / 〜는 N

あの高いビルは109です。 / 原宿はおもしろい所です。

형용사 정리 ①

	긍정	부정	명사 수식	연결
イ형용사	(〜い) です ※い로 끝나는 형용사	(마지막의 い를 빼고) くありません くないです	(〜い)+명사(N)	(마지막의 い를 빼고) くて

❺ **〜の…** 〜인… (동격)

ファッションビルの109です。 / タレントの木村です。

❻ **どうですか？** 어떻습니까?

カナダの住宅はどうですか？ / 東京の気候はどうですか？

❼ **〜も** 〜도

イタリアは暖かいです。 料理もおいしいです。

❽ **〜から** 〜기 때문에 (이유)

新宿は会社が多いです。 東京の中心ですから。

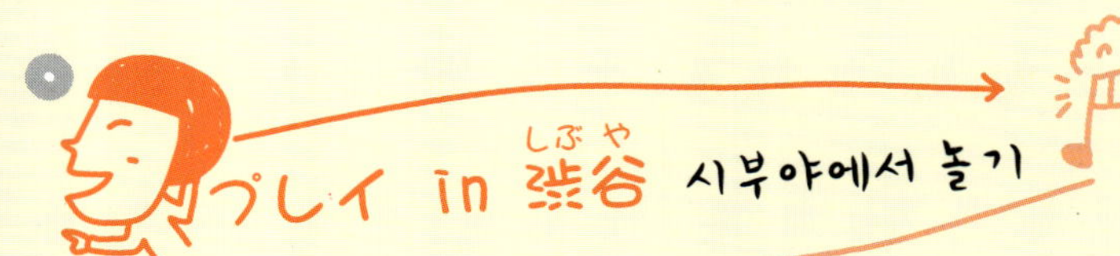

정답 및 모범 예시 p.178

배운 일본어 점검하기 (pair work)

아래 지도에 표시되어 있는 대로 시부야역(渋谷駅)에서 NHK까지 걸어갑니다.

❶ 만남의 장소인 하치코(ハチ公)에서 오늘의 안내인과 첫 대면의 인사를 나누세요.

❷ 거기서 높은 건물이 보여 그게 １０９냐고 묻자, 안내인은 그건 시부야마크시티(渋谷マークシティー)라는 패션빌딩이라고 답합니다.

❸ 세이브 백화점(西部デパート) 앞에 사람들이 많이 모여 있고, 가운데 누가 있어서 저 사람은 누구냐고 묻자, 안내인은 개그맨(コメディアン)이라고 답합니다.

❹ 패션 빌딩 파르코(パルコ)에서 옷을 구경하고 점원과 대화합니다. 가격을 묻고 그 옷을 사도록 합니다.

❺ NHK에 도착하여 안내인이 NHK에 대한 소감을 묻자, 크고 새롭다고 답합니다.

❻ 마침 점심 시간이라서 NHK의 레스토랑은 비싸냐고 묻자, 그렇지 않다고 합니다.

❼ NHK 견학을 마친 후, 안내인이 하라주쿠(原宿)에서 한잔 하는 것이 어떻겠냐고 권유하자 기꺼이 응합니다.

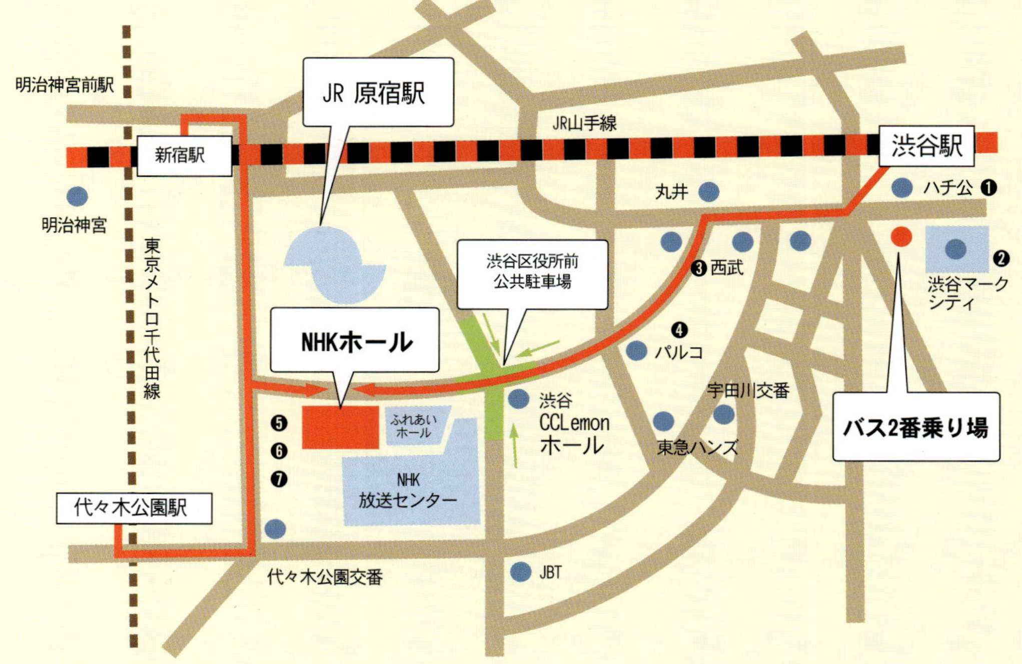

◑ 하라주쿠 → 시부야 or 신주쿠 → 시부야

하라주쿠에서 시부야까지 가장 빨리 가는 방법은 지하철 도쿄 메트로 부도심선(東京メトロ副都心線)을 타고 메이지신궁 앞(明治神宮前)역에서 시부야(渋谷)역까지 가는 것으로 2분 정도 소요된다. JR야마노테선(山手線)을 이용하면 하라주쿠(原宿)역에서 시부야(渋谷)역까지 3분 정도 소요된다. 신주쿠에서 출발할 경우 JR야마노테선(山手線)을 이용하면 환승 없이 가장 빨리 갈 수 있으며 8분 정도 소요된다.

◑ 일본 최첨단의 문화 발상지 시부야, 그리고 스크램블 교차로

시부야는 하라주쿠와 마찬가지로 일본의 젊은이들이 모여드는 최첨단의 문화 발상지로서 시부야에서 한 번 퍼진 소문이나 유행은 바로 일본 전국으로 퍼진다고 해도 과언이 아닐 정도다. 이러한 시부야의 중심은 뭐니 뭐니 해도 세계 각국에 보도된 '스크램블 교차로'이다. 파란불이 켜지면 사방팔방에서 일제히 사람들이 움직이기 시작하는데, 이런 기이한 광경을 카메라에 담는 외국인도 적지 않다.

◑ 들러 볼 만한 시부야의 추천 카페

쇼핑이나 관광도 좋지만 즐거운 여행을 위해서는 차 한 잔 마시며 기운을 회복할 여유도 꼭 필요하다. 시부야를 거닐다가 들러 볼 만한 인기 있고 가격도 합리적인 카페 두 곳을 소개한다.

* 브랑제리 파티스리 뷔론 시부야점

시부야 중심지에 위치한 베이커리 카페로 고급스러운 빨간 건물이 인상적이다. 1층은 갓 구운 빵과 파이를 파는 제과점, 2층은 카페 레스토랑이다. 모닝, 런치, 카페, 디너 등 다양한 메뉴를 즐기는 손님들로 밤낮없이 북적인다.

* 카페 마메히코 시부야점

시부야에서는 보기 드물게 조용하고 아늑한 공간을 제공하는 힐링 카페다. 흘러나오는 클래식 음악이 마치 다른 세상에 있는 것처럼 느끼게 해 준다. 혼자 독서할 때는 조금 밝은 공간에, 친구와 대화할 때는 조금 어두운 공간에 앉으면 좋다.

お台場（だいば）のカジノはゲームですよ

ストーリー 스토리

시원과 야마모토가 오다이바(お台場) 비너스포트(ヴィーナスフォート)에 있는 카지노에 놀러 갔다.

新しい ことば 새로운 말

- ☐ お台場(だいば) 오다이바　☐ カジノ 카지노　☐ ゲーム 게임　☐ 本当(ほんとう) 진짜　☐ 上手(じょうず) 잘함
- ☐ 〜が 〜하지만(앞과 반대 내용이 이어짐)　☐ だいじょうぶ 괜찮음　☐ ディーラー 딜러
- ☐ 親切(しんせつ)でやさしい 친절하고 상냥하다　☐ 得意(とくい)なゲーム 자신 있는 게임　☐ ルーレット 룰렛
- ☐ 好(す)き 좋아함　☐ 有名(ゆうめい) 유명함　☐ いっしょに 함께　☐ 火曜日(かようび) 화요일　☐ せっかく 모처럼

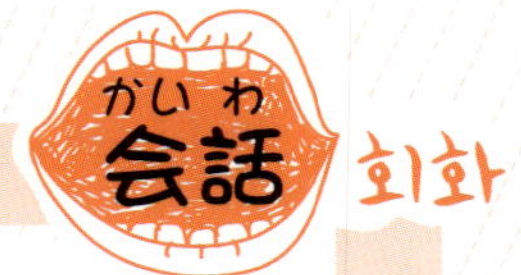

シウォン ： ここは本当（ほんとう）のカジノですか？

山本（やまもと） ： いえ、このカジノはゲームですよ。

シウォン ： ぼく、ゲームはあまり上手（じょうず）じゃありませんが…。

山本（やまもと） ： だいじょうぶですよ。
ディーラーが親切（しんせつ）でやさしいですから。

シウォン ： 山本さんの得意（とくい）なゲームは何（なん）ですか？

山本（やまもと） ： 得意（とくい）じゃないですが、ルーレットが好（す）きです。

シウォン ： 有名（ゆうめい）なゲームですね。

山本（やまもと） ： ええ。シウォンさん、いっしょにどうですか？
火曜日（かようび）は人（ひと）も少（すく）ないですから。

シウォン ： じゃ、せっかくですから。

❶ ナ형용사를 소리 내어 읽어봅시다.

❷ 2~3명이 그룹을 이루어 그 형용사에 해당하는 사물을 예와 같이 말해 보세요.
그룹별로 몇 개씩 정해서 발표하세요.

예 ショッピングが 好^すきです
　　お台場^{だいば}は 有名^{ゆうめい}です

※ 好^すき/きらい/上手^{じょうず}/下手^{へた}는 언제나 조사
　 が만 쓸 수 있다. 나머지는 한국어 '〜는',
　 '〜가'와 같이 경우에 따라 조사 は/が 양
　 쪽을 다 쓸 수 있다.

好^すき / きらい
ショッピング　たばこ

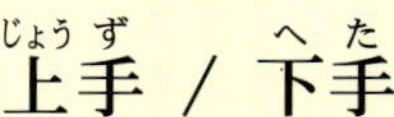

上手^{じょうず} / 下手^{へた}　　　にぎやか / 静^{しず}か　　　便利^{べんり} / 不便^{ふべん}

———————　　———————　　———————

きれい・ハンサム / ブス　　　　得意^{とくい} / 苦手^{にがて}

———————　　　　　　———————

きれい / きたない（イ）

ひま / いそがしい（イ）

ゆうめい
有名

しんせつ
親切

まじめ

すてき

へん
変

新しい ことば 새로운 말

- □ にぎやか 번잡함
- □ きれい 예쁨
- □ ハンサム （남자가） 잘생김
- □ 得意（とくい） 잘함
- □ 苦手（にがて） 못함
- □ すてき 멋짐
- □ 変（へん） 이상함

정답 및 모범 예시 p.179

예와 같이 대화해 보세요.

이유는 형용사 2개로 표현하세요. ナ형용사가 앞에 오면 「で」로, イ형용사가 앞에 오면 「くて」로 연결하세요.

- ・イ형 くて〜
- ・ナ형 で〜

例 国（くに）

A：どんな国（くに）が好（す）きですか？

B：オーストラリアです。きれい で 広（ひろ）いですから。

❶ タレント

新（あたら）しい ことば　새로운 말

- ☐ オーストラリア 호주
- ☐ 遊（あそ）び 놀이, 여가 활동

❷ 服

❸ 遊び

❹ 大学 / 会社

이유를 나타내는 표현은 「〜ですから」「〜からです」 양쪽 모두 쓸 수 있다. 「ナ형용사 + からです」로 표현할 때는 「しずかだからです」와 같이 「から」 앞에 「だ」가 들어가야 한다.

❶ 예와 같이 가족에 대해 이야기해 보세요.

예 A： Bさんは何人家族ですか？

B： 4人家族です。父と母と兄と私です。

A： ふーん、お父さんはどんな人ですか？

B： 父ですか？ そうですね、まじめ で 静かな人です。

A： そうですか。じゃ、お母さんはどんな人ですか。

B： 母はおもしろ くて にぎやかな人です。

A： あ、そうですか。静かなお父さんと、にぎやかなお母さんですか。

★ 2개 이상의 형용사 연결 : イ형+くて〜 / ナ형+で〜

★ 형용사＋N(명사) : イ형 ＋ N / ナ형 ＋な＋ N

★ 형용사의 부정 : イ형 ＋くありません (くないです) / ナ형+じゃありません (ではありません)

참고어휘　1人 한 명　2人 두 명　3人 세 명

☐ 何人 (なんにん) 몇 명　☐ 家族 (かぞく) 가족　☐ ふーん 음~ (납득)　☐ そうですね 글쎄요

☐ 父 (ちち) / お父 (とう) さん 아버지　☐ 母 (はは) / お母 (かあ) さん 어머니　☐ 兄 (あに) / お兄 (にい) さん 형, 오빠

☐ 姉 (あね) / お姉 (ねえ) さん 누나, 언니　☐ 弟 (おとうと) / 弟 (おとうと) さん 남동생

☐ 妹 (いもうと) / 妹 (いもうと) さん 여동생

시뮬레이션 일본어

가족의 명칭

私（A）の〜	Bさんの〜
ちち 父	とう お父さん
はは 母	かあ お母さん
あに 兄	にい お兄さん
あね 姉	ねえ お姉さん
おとうと 弟	おとうと 弟さん
いもうと 妹	いもうと 妹さん

アドバイス　알아두기

가까운 사이에서는 「私のお父さん / お母さん / お兄さん / お姉さん」「田中さんの弟（妹）」도 쓸 수 있다.

耳のトレーニング 듣기연습　 track 10-2

◉ 일본의 여러 지역에 대해 이야기하고 있습니다. 잘 듣고 각 지역의 특징을 예와 같이 써넣으세요.

예 北海道（ほっかいどう）	静（しず）か / 人（ひと）が少（すく）ない / きれい
1. 横浜（よこはま）	
2. 九州（きゅうしゅう）	
3. 沖縄（おきなわ）	

手のトレーニング 쓰기연습

◉ 빈칸에 알맞은 말을 써넣으세요.

❶ 山本（やまもと）：シウォンさんはゲームが上手（じょうず）ですか？

シウォン：いいえ、あまり ＿＿＿＿＿＿＿。山本（やまもと）さんはどうですか？

山本（やまもと）：私（わたし）も得意（とくい）＿＿＿＿＿＿＿が、好（す）きです。

❷ 川田（かわだ）：井上（いのうえ）さんは ＿＿＿＿＿＿＿ですか？

井上（いのうえ）：3人（さんにん）です。＿＿＿＿＿＿＿と＿＿＿＿＿＿＿と私（わたし）です。

川田（かわだ）：お父（とう）さんはどんな人（ひと）ですか？

井上（いのうえ）：ハンサム＿＿＿＿＿＿＿にぎやか＿＿＿＿＿＿＿人（ひと）です。

川田（かわだ）：じゃ、お母（かあ）さんもにぎやかですか？

井上（いのうえ）：いいえ、にぎやか＿＿＿＿＿＿＿。静（しず）かです。

❸ 山下（やました）：鈴木（すずき）さん、渋谷（しぶや）は ＿＿＿＿＿＿＿所（ところ）ですか？ (어떤 곳)

鈴木（すずき）：渋谷（しぶや）は若者（わかもの）のセンスが ＿＿＿＿＿＿＿、すてきな所（ところ）ですよ。

変（へん）＿＿＿＿＿＿＿人（ひと）も多（おお）いですが……。

시뮬레이션 일본어

❶ ナ形容詞 ～です －ㅂ니다

(ナ形容詞 : 명사를 꾸밀 때 ナ형 ＋な＋ N (명사) 형태를 취하는 형용사)

このゲームは有名です。 / あの人は変です。

❷ ナ形容詞 ～じゃありません（ではありません） ～지 않습니다
　　　　　～じゃないです（ではないです）

ルーレットは得意じゃありません。 / ぼくは今日、ひまではありません。

❸ ナ形容詞 ～で… ～고,… (성질을 나열)

ディーラーは親切でやさしいです。 / 東京は便利でにぎやかです。

❹ ナ形容詞 ＋N(명사) ～한 N / ～는 N

好きなスポーツはサッカーです。 / きらいな食べ物はみそしるです。

형용사 정리 ②

	긍정	부정	명사 수식	연결
イ형용사	(～い)です	くありません くないです	(～い)＋명사(N)	くて
ナ형용사	(　　)です	＋じゃありません じゃないです ではありません ではないです	＋な＋명사(N)	で～

❺ ～が… ① ～지만… ② ～는데… / ～인데… (말은 끝까지 안 하고 애매하게 끝낼 때)

① 鈴木さんはきれいじゃありませんが、親切です。

② A : この服、どうですか？ 変ですか？

　　B : うーん、変じゃありませんが…。

新しい ことば 새로운 말

☐ 北海道（ほっかいどう）홋카이도　　☐ 横浜（よこはま）요코하마　　☐ 九州（きゅうしゅう）규슈

☐ 沖縄（おきなわ）오키나와　　☐ 今日（きょう）오늘

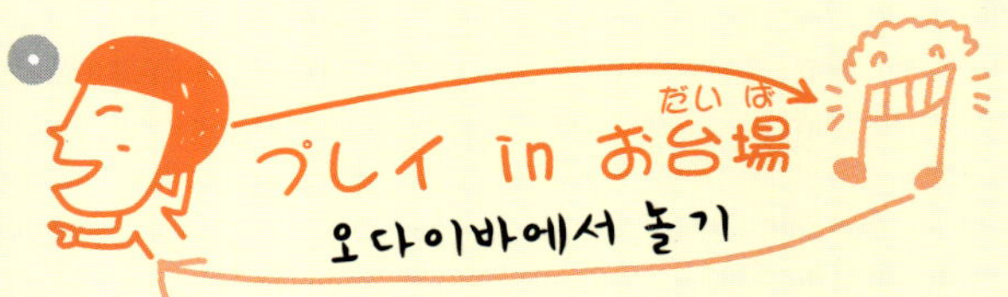

정답 및 모범 예시 p.179

すみませんの 뜻은?

일본에 가면 「すみません」이라는 말을 많이 듣게 되는데, 이 「すみません」은 뜻이 다양합니다.
오다이바(お台場)에서의 상황과 대화를 잘 읽고 각각의 「すみません」의 뜻을 파악해 보세요.

❶ 오다이바해변공원역 (お台場海浜公園駅)에서 지나가는 사람끼리 부딪쳤다.

A : あ、すみません。

B : すみません。　　　　　　　　　　　뜻 ＿＿＿＿＿

❷ 오다이바해변공원(お台場海浜公園)에 있는 아이스크림 전문점에 들렀다.

손님 : すみません、チョコレートアイス、1つください。

점원 : チョコレートアイスですね。はい。　뜻 ＿＿＿＿＿

❸ 후지 TV(フジテレビ)를 견학 중 물건을 떨어뜨렸다.

주운 사람 : あ、これ！(물건을 주워서 건네준다)

떨어뜨린 사람 : あ、すみません。　　　뜻 ＿＿＿＿＿

❹ 팔레트 타운(パレットタウン)에서 관람차를 찾는다.

A : あの、すみません、観覧車はどこですか？

B : 観覧車ですか？ あそこですよ。

A : ありがとうございます。　　　　　　뜻 ＿＿＿＿＿

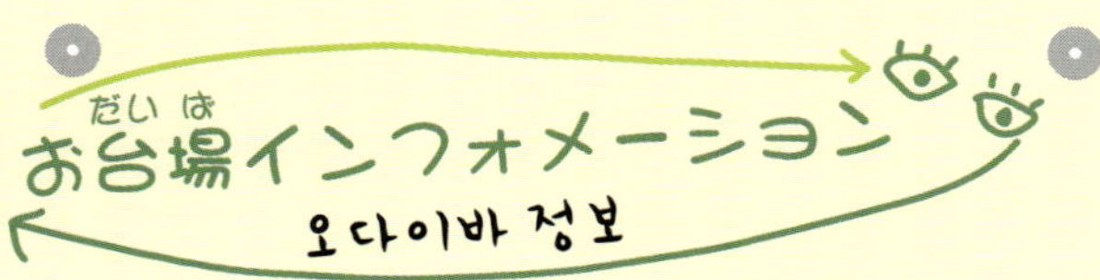

● 신주쿠 → 오다이바

신주쿠에서 오다이바까지 최대한 빨리, 그리고 싸게 가는 방법은 사이쿄선(埼京線)으로 오사키(大崎)까지 직행하는 열차를 타고 린카이선(りんかい線)으로 갈아타는 것이다. 총 23분 정도 소요된다.

● 팔레트에 짜놓은 물감처럼 컬러풀한 멀티 엔터테인먼트 시설, 팔레트 타운

오다이바는 도쿄만에 위치한 인공섬에 건설된 미래지향형 도시로 너무 넓어서 하루만에 전부 관광하기는 어려운 곳이다. 내릴 수 있는 역도 다른 곳처럼 한정되어 있는 게 아니라 여러 군데여서 오다이바를 관광할 때는 반드시 미리 스케줄을 정하고 가는 것이 좋다. 오다이바의 명소 가운데서 가장 추천하고 싶은 곳은 아오미역(青海駅)에 위치한 팔레트 타운(パレットタウン)이다. 메가 웹, 비너스 포트, 도쿄 레저 랜드, 대관람차 등을 한군데 모아 놓은 엔터테인먼트 시설로 가족이나 연인 등 누구든 즐길 수 있다.

* 메가 웹

도요타가 운영하는 대형 쇼룸이자 자동차 테마 공원이다. 무료로 시승할 수 있는 어트랙션도 있다.

* 비너스 포트

18세기 유럽의 화려한 도시 거리를 본떠 만든 쇼핑몰로 여성들이 특히 좋아하는 곳이다. 고풍스러운 분수와 광장, 천장의 조명 등이 유명하다.

* 도쿄레저랜드

각종 비디오 게임기, 노래방, 당구장, 귀신의 집, 배팅 센터, 스포츠게임 센터, 볼링장, 탁구장, 음식점 등이 들어선 놀이 공원이다.

* 대관람차

세계에서 두 번째로 큰 관람차로서 팔레트 타운을 상징하는 놀이기구이다. 시기마다 다양한 이벤트가 진행되며, 계절마다 일루미네이션의 디자인이 바뀐다. 아무리 대기하는 줄이 길어져도 절대로 합승을 시키는 일이 없다고 하니, 연인과의 짧은 순간을 즐기기에는 딱 맞는 공간일지도 모르겠다.

浅草は昔からにぎやかでした

ストーリー 스토리

오늘은 옛날의 일본의 분위기가 느껴지는 아사쿠사(浅草)를 구경하러 왔다.

 新しい ことば 새로운 말

- 浅草(あさくさ) 아사쿠사
- 昔(むかし) 옛날(에)
- ～から ~부터
- すごい 대단하다, 굉장하다
- にぎやかでしたか 번화했습니까?
- でも 하지만
- 外国人(がいこくじん) 외국인
- 多(おお)くありませんでした 많지 않았습니다
- 町(まち) 거리, 동네
- 文化(ぶんか) 문화
- 中心(ちゅうしん)じゃありませんでした 중심이 아니었습니다
- 芸者(げいしゃ) 예능으로 연회를 즐겁게 하는 직업
- 写真(しゃしん) 사진
- 運(うん) 운
- よかったですね 잘됐네요
- はじめて 처음
- おかし 과자
- どうぞ 어서 드세요
- いただきます 잘 먹겠습니다
- 私(わたし)の 내 것

シウォン： すごい人ですね。浅草は昔からにぎやかでしたか？

山本： ええ。でも、外国人は多くありませんでした。

シウォン： 昔の浅草はどんな町でしたか？

山本： そうですね……。文化の中心じゃありませんでしたが、遊びの町でした。

シウォン： あ、芸者さんだ！ 写真、写真！

山本： 運がよかったですね。
私も芸者さんは、はじめてです。

シウォン： いいですね。ここは昔の日本ですね。

山本： これも昔のおかしですよ。どうぞ。

シウォン： いただきます。あ、おいしいですね。

山本： じゃ、私のもどうぞ。

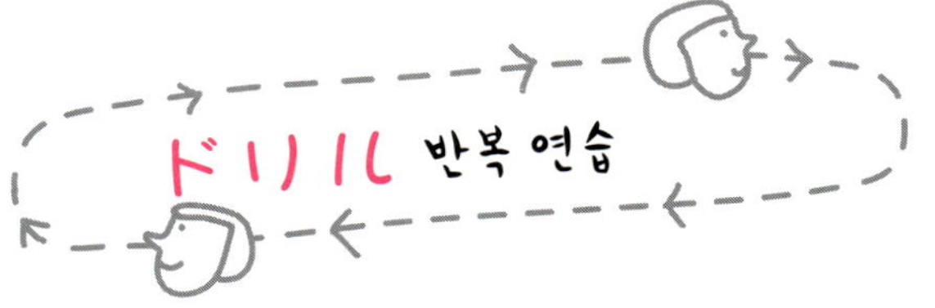

정답 및 모범 예시 p.179

 예와 같이 소감을 묻고, 형용사를 써서 자유롭게 대답해 보세요.

イ형 과거 / 과거 부정 : イ형 (い 빼고) + かったです / くありませんでした (= くなかったです)

ナ형 과거 / 과거 부정 : ナ형 + でした / じゃありませんでした (= ではありませんでした)

N(명사) 과거 / 과거 부정 : N + でした / じゃありませんでした (= ではありませんでした)

예 テスト　　A : テストはどうでしたか？

　　　　　　B : あまりよくありませんでした。

　　　　　　　　とても難（むずか）しかったです。

　　　　　　　　60点（てん）でした。だめでした。

❶ 週末（しゅうまつ）

❷ 食事（しょくじ）

新（あたら）しい ことば　새로운 말

- ☐ テスト 테스트　☐ 60点（てん） 60점　☐ だめ 안 됨 (ナ형)　☐ 週末（しゅうまつ） 주말
- ☐ 食事（しょくじ） 식사　☐ 温泉（おんせん） 온천　☐ デート 데이트

시뮬레이션 일본어

❸ 温泉

❹ デート

❺ 昔のソウル

ナ形容詞と名詞(N)の 과거는 「〜だったです」, 과거 부정은 「〜じゃなかったです」「〜ではなかった
です」도 가능하다.

❶ 과거의 여행 경험을 예와 같이 아래 표에 형용사 과거형으로 정리하세요.

❷ 친구의 여행에 대해 예와 같이 자유롭게 물어 보세요.

❸ 친구의 여행에 대해 알게 된 내용을 발표해 보세요.

	예	당신의 여행
旅行先 りょこうさき	イギリス	
気候・天気 きこう・てんき	よかったです。暖かかったです	
ホテル・民宿 みんしゅく	民宿でした。 あまり高くありませんでした。	
食事 しょくじ	おいしかったです。	
物価 ぶっか	高かったです。	
人 ひと	男の人がハンサムでした。	
建物 たてもの	とてもすてきでした。	

新しい ことば 새로운 말

□ 旅行先(りょこうさき) 여행지　□ イギリス 영국　□ 天気(てんき) 날씨　□ 民宿(みんしゅく) 민박
□ 男(おとこ)の人(ひと) 남자　□ 建物(たてもの) 건물

A：<ruby>旅行先<rt>りょこうさき</rt></ruby>はどこでしたか？

B：イギリスでした。

A：<ruby>気候<rt>きこう</rt></ruby>はどうでしたか？

B：よかったです。<ruby>暖<rt>あたた</rt></ruby>かかったです。

A：ホテルでしたか？　<ruby>民宿<rt>みんしゅく</rt></ruby>でしたか？

B：<ruby>民宿<rt>みんしゅく</rt></ruby>でした。

A：どんな<ruby>民宿<rt>みんしゅく</rt></ruby>でしたか？

B：あまり<ruby>高<rt>たか</rt></ruby>くなかったですが、<ruby>食事<rt>しょくじ</rt></ruby>はおいしかったです。

A：<ruby>物価<rt>ぶっか</rt></ruby>は<ruby>高<rt>たか</rt></ruby>かったですか。

B：はい、<ruby>高<rt>たか</rt></ruby>かったです。

A：<ruby>人<rt>ひと</rt></ruby>はどうでしたか？

B：<ruby>男<rt>おとこ</rt></ruby>の<ruby>人<rt>ひと</rt></ruby>がハンサムでした。

A：イギリスの<ruby>建物<rt>たてもの</rt></ruby>はどうでしたか。

B：とてもすてきでした。

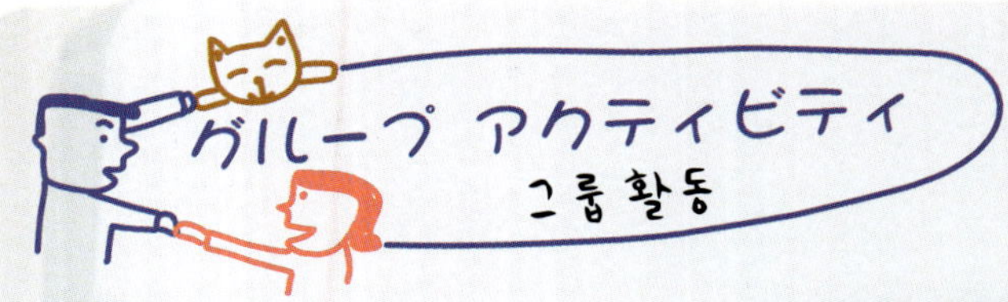

の는 어떤 때 쓸까?

❶ 먼저 지금까지 배운 「の」의 의미를 확인해 보세요.

① 소속　예　JRの小川です。　/　韓国大学の李です。

② 동격　예　ファッションビルの109です。

③ 소유　예　私のもどうぞ。　（＝ 私のおかしもどうぞ。）

④ 기타　명사(N)와 명사(N) 사이에는 보통 「の」가 들어간다.　예　昔の浅草

❷ 3~4명이 그룹을 이루어 보기의 단어를 한 번씩 사용해서 「の」의 의미별 예문을 2개씩 만들어 보세요.

정답 및 모범 예시 p.179

① 소속	__________の________	__________の________
② 동격	プレゼントの__________	韓国人の__________
③ 소유	__________の________	__________の________
④ 기타	__________の中心	あそこの__________

보기

チョコレート	田中さん	日本商事	かばん	山下	東京
ソニー	ワイン	私	バー	李さん	あなた

❸ 활동이 끝나면 그룹별로 발표해 보세요.

新しい ことば　새로운 말

☐ 日本商事(にほんしょうじ) 일본상사　☐ かばん 가방　☐ プレゼント 선물　☐ ソニー 소니(sony)　☐ ワイン 와인

시뮬레이션 일본어

<ruby>耳<rt>みみ</rt></ruby>のトレーニング 듣기연습  track 11-2

◎ 다음 대화를 잘 듣고, 사람·여행·물건 등은 어땠는지 빈칸에 알맞은 말을 써넣으세요.

예	<ruby>吉田先生<rt>よしだせんせい</rt></ruby>は<ruby>昔<rt>むかし</rt></ruby>、<ruby>親切<rt>しんせつ</rt></ruby>でハンサムでした。
1	<ruby>大山<rt>おおやま</rt></ruby>さんの<ruby>旅行<rt>りょこう</rt></ruby>は＿＿＿＿＿＿が、＿＿＿＿＿＿＿＿＿。
2	<ruby>加藤<rt>かとう</rt></ruby>さんのお<ruby>父<rt>とう</rt></ruby>さんは<ruby>昔<rt>むかし</rt></ruby>＿＿＿＿＿＿が、あまり＿＿＿＿＿。
3	<ruby>林<rt>はやし</rt></ruby>さんは<ruby>昔<rt>むかし</rt></ruby>ゲームが＿＿＿＿＿が、＿＿＿＿＿＿＿。

<ruby>手<rt>て</rt></ruby>のトレーニング 쓰기연습

◎ 빈칸에 알맞은 말을 써넣으세요.

❶ A：<ruby>浅草<rt>あさくさ</rt></ruby>は<ruby>昔<rt>むかし</rt></ruby>、<ruby>静<rt>しず</rt></ruby>か＿＿＿＿＿＿？

  B：いえ、<ruby>静<rt>しず</rt></ruby>か＿＿＿＿＿。<ruby>昔<rt>むかし</rt></ruby>から＿＿＿＿＿。（변화했습니다.）

❷ A：ニューヨークの<ruby>天気<rt>てんき</rt></ruby>はどうでしたか？

  B：とても＿＿＿＿＿。マイナス10<ruby>度<rt>ど</rt></ruby>でしたから。

❸ A：お<ruby>台場<rt>だいば</rt></ruby>はよかったですか？

  B：うーん、あまり＿＿＿＿＿。<ruby>火曜日<rt>かようび</rt></ruby>は<ruby>天気<rt>てんき</rt></ruby>が＿＿＿＿＿から。

❹ A：これ、だれのかばんですか？

  B：それ、<ruby>深井<rt>ふかい</rt></ruby>さん＿＿＿＿＿です。

  C：いえ、それはぼく＿＿＿＿＿＿＿＿＿ですよ。

  B：あ、そうでしたか。

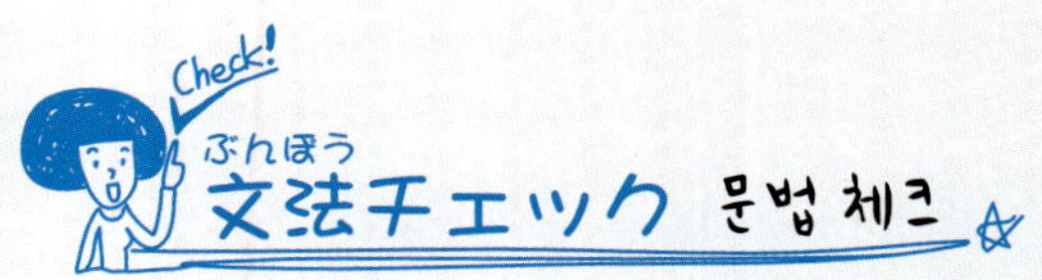

❶ イ형용사 (마지막의 い를 빼고) ～かったです ～ㅆ습니다 (과거)

日本のおかしはおいしかったです。 / イギリスは暖かかったです。

❷ イ형용사 (마지막의 い를 빼고) ～くありませんでした / ～くなかったです

～지 않았습니다 (과거 부정)

週末はあまりおもしろくありませんでした。 / 民宿は高くなかったです。

❸ ナ형용사・N(명사) ～でした / ～だったです ～ㅆ습니다 (과거)

ソウル駅はにぎやかでした。 / 週末はとてもひまだったです。 /

ここは昔、店でした。

❹ ナ형용사・N(명사) ～じゃありませんでした (ではありませんでした) /
～じゃなかったです (ではなかったです)

～지 않았습니다 (과거 부정)

昔はまじめじゃありませんでした。

浅草は東京の中心じゃなかったです。

イ형용사 정리

	긍정	부정	명사 수식	연결
현재	(～い)です	(마지막의 い를 빼고) くありません くないです	(～い)+명사(N)	(마지막의 い를 빼고) くて
과거	(마지막의 い를 빼고) かったです	(마지막의 い를 빼고) くありませんでした くなかったです		

❺ **～の / ～の…**　～의… (소유)

このかばんは鈴木さん<u>の</u>です。 / これは学校<u>の</u>本です。

❻ **どうぞ**　여기요·받으세요·드세요　※ 음식·물건 등을 권하거나 줄 때

これ、おいしいですよ。<u>どうぞ</u>。

これ、つまらない物ですが、<u>どうぞ</u>。　※ 선물을 줄 때 하는 말

❼ **いただきます**　잘 먹겠습니다

A：昔のおかしです。どうぞ。

B：<u>いただきます</u>。

イ형용사 정리

	긍정	부정	명사 수식	연결
현재	（　　）です	（　　）じゃありません じゃないです ではありません ではないです	（　　）+な+명사(N)	（　　）で
과거	（　　）でした （　　）だったです	（　　）じゃありませんでした じゃなかったです ではありませんでした ではなかったです		

🌱 **新しい ことば**　새로운 말

☐ つまらない物(もの) 변변치 못한 것

プレイ in 浅草(あさくさ)
아사쿠사에서 놀기

정답 및 모범 예시 p.180

カタカナ에 익숙해지자

아사쿠사는 특히 많은 외국인들이 찾아오는 관광지입니다. 아래 아사쿠사의 관광 명소에 있는 사람들이 어느 나라 사람인지 보기에서 고르세요.

① キャメロン

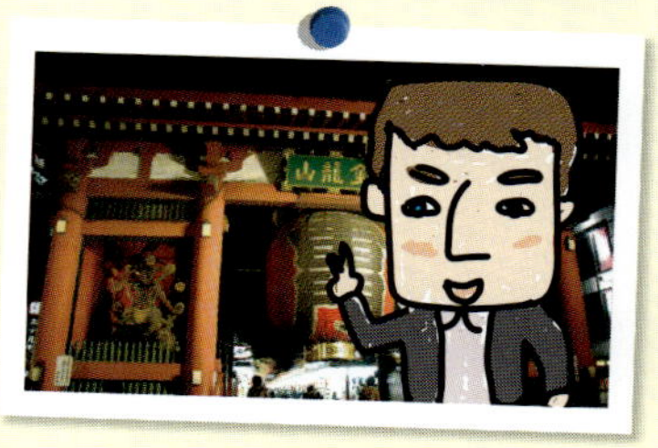

浅草寺(せんそうじ)
(유명한 절)

② ウィリアム

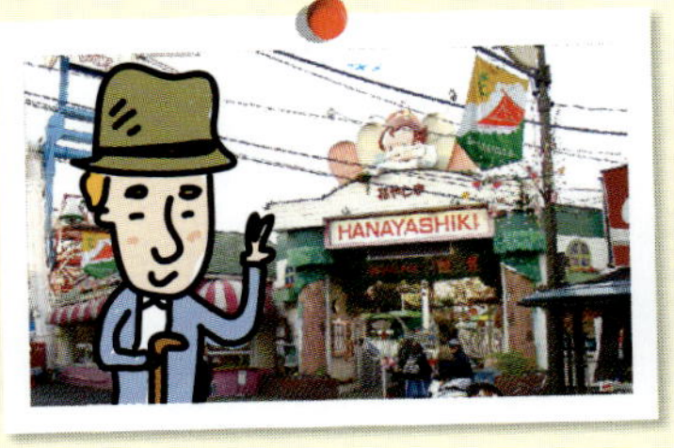

花(はな)やしき
(놀이공원)

③ シルビア

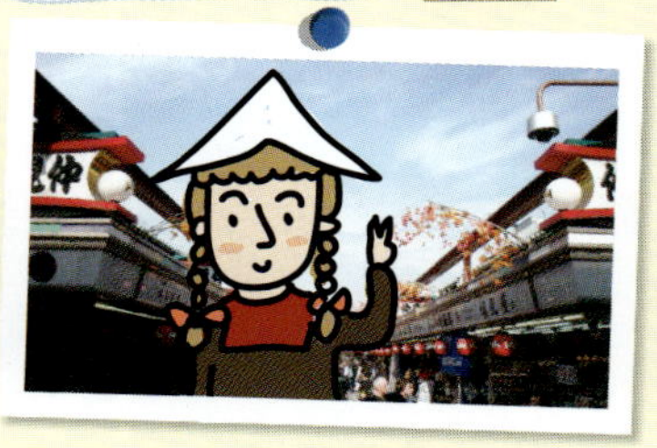

仲見世通(なかみせどお)り
(상점이 많은 거리)

④ マフムット

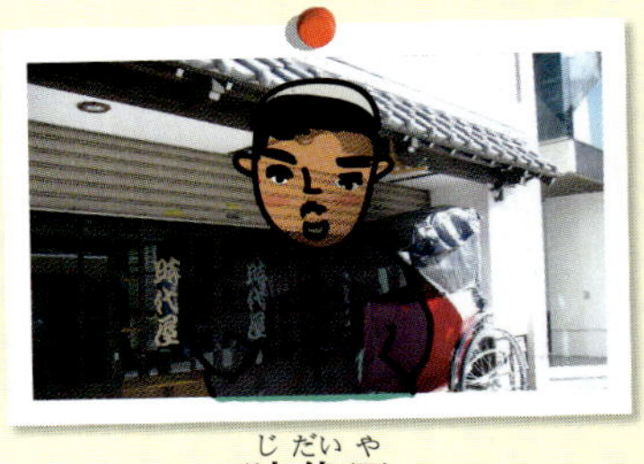

時代屋(じだいや)
(인력거를 타는 곳)

⑤ ティダーラット

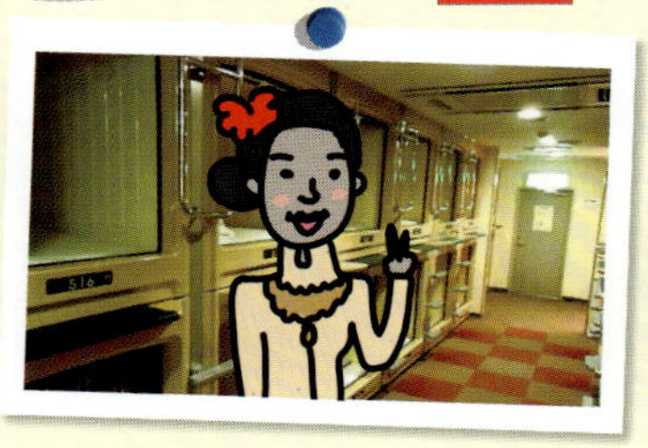

カプセルホテル
(캡슐 호텔)

⑥ カルロス

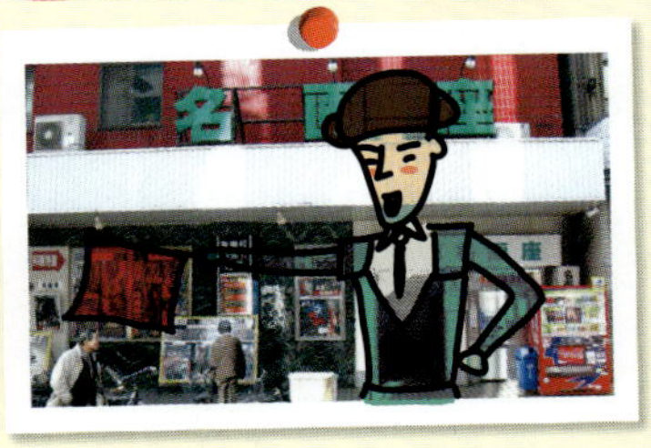

六区(ろっく)ブロードウェイ
(옛 영화관 등의 거리)

보기

スペイン　タイ　イギリス　オーストラリア
ドイツ　トルコ

⊙ 오다이바 → 아사쿠사 or 신주쿠 → 아사쿠사

오다이바에서 아사쿠사까지 전철로 갈 수 있는 방법은 단 하나다. 오다이바 가이힌 공원(お台場海浜公園)역에서 유리카모메(ゆりかもめ)를 타고 신바시(新橋)역에서 내려 도에이 아사쿠사선(都営浅草線)으로 갈아타는 것으로, 30~40분 정도 소요된다. 신주쿠에서 아사쿠사로 가는 경우에는 지하철 도에이 신주쿠선(都営新宿線)을 타고 바쿠로 요코야마(馬喰横山)역이나 히가시 니혼바시(東日本橋)역에서 내려 도에이 아사쿠사선(都営草線)으로 갈아타면 된다.

⊙ 일본 절 참배법

아사쿠사 하면 가장 먼저 떠오르는 것은 도쿄에서 가장 오래된 절인 센소지(浅草寺)이다. 그리고 센소지로 들어가기 위해 맨 처음 통과하는 문이 바로 가미나리몬(雷門)이다. 이 문을 통과하고 나면 나카미세 도리(仲見世通り)를 걷게 되는데, 각종 선물이나 음식, 기모노를 파는 가게들이 대부분 여기에 모여 있다.

조금 더 걷다 보면 호조몬(宝蔵門)이 나오는데 이것이 센소지의 정문이다. 센소지에 들어서면 가운데 커다란 향로가 놓여 있는데, 여기서 나오는 연기는 몸을 정화시켜 준다고 한다. 이곳을 지나면 사람들이 물을 마시거나 손을 씻고 있는 곳이 나온다. 이곳에서 참배 전에 몸을 정화시켜 준다는 물을 제공해 준다. 간혹 국자를 입에 직접 대고 물을 마시는 사람들이 있는데 이것은 잘못된 방법이다. 올바른 순서를 소개하면 다음과 같다. 먼저 오른손으로 국자를 잡고 물을 뜬 뒤 왼손을 씻는다. 그리고 왼손으로 국자를 바꿔 든 뒤 오른손을 씻고, 또 다시 오른손으로 국자를 바꿔 잡아 왼손에 물을 부어 입을 씻는다. 마지막으로 국자를 세로로 빙글빙글 돌리며 자연스럽게 국자에 묻어 있는 손때를 씻어 낸다.

본전에 들어가면 드디어 절을 올릴 차례다. 절에서는 기본적으로 시주함처럼 생긴 새전 바구니 앞에 서서 조용히 손을 맞대고 기도를 올리면 된다. 그러나 자세히 살펴보면, 일본인들도 잘못된 방법으로 참배하고 있는 것을 쉽게 관찰할 수 있다. 일본인들조차 이게 절인지 신사인지 구분이 안갈 때가 많기 때문이다. 실제로 신정 때 일본 절이나 신사를 찾아가면, 절인데도 불구하고 신사 참배법으로 기도하는 사람들을 적지 않게 볼 수 있다. 신사에서는 돈을 넣고 그 위에 달린 종을 울린 후 고개를 숙이고 인사를 두 번 한다. 그리고 박수를 2번 치고 손을 모아 합장을 한 후 다시 고개를 숙여 인사를 하면 된다.

unit 12

ディズニーシーの中（なか）に ホテルがありますね

ストーリー 스토리

시원과 야마모토는 오늘 드디어 기대가 컸던 디즈니씨(ディズニーシー)에 놀러 갔다.

新（あたら）しい ことば 새로운 말

- ☐ ディズニーシー 디즈니씨　☐ 中（なか） 안　☐ 〜に 〜에(장소)　☐ あります (사물이) 있습니다
- ☐ 近（ちか）く 가까이　☐ 一番（いちばん） 가장　☐ 人気（にんき） 인기　☐ ディズニーランド 디즈니랜드
- ☐ ありますか (사물이) 있습니까?　☐ ありません (사물이) 없습니다　☐ テーマパーク 테마 파크　☐ ある (사물이) 있다
- ☐ だけ 만, 뿐　☐ ところで 그런데　☐ ミッキーマウス 미키마우스　☐ いません (사람, 동물이) 없습니다
- ☐ ない (사물이) 없다　☐ いる (사람, 동물이) 있다　☐ 2（ふた）つ 두 개, 두 군데　☐ お昼（ひる） 점심 식사

シウォン ： ディズニーシーの中（なか）にホテルがありますね。

山本（やまもと） ： はい。近（ちか）くのホテルの中（なか）で一番人気（いちばんにんき）があります。

シウォン ： ディズニーランドの中（なか）にもホテルがありますか？

山本（やまもと） ： いいえ、ありません。テーマパークの中（なか）にあるホテルはここだけです。

シウォン ： そうですか。ところで……、ミッキーマウスがいませんね。

山本（やまもと） ： ああ、ミッキーがいるレストランが２つあります。

シウォン ： どこですか？

山本（やまもと） ： 近（ちか）くです。お昼（ひる）はそこで、どうですか？

シウォン ： 高（たか）いですか？
ぼく、あまりお金（かね）がないですから……。

アドバイス 알아두기

미키마우스는 사람이나 동물은 아니지만, 여기서는 사람이나 동물 같이 취급해서 「いる、いますか、いません」을 사용한다.

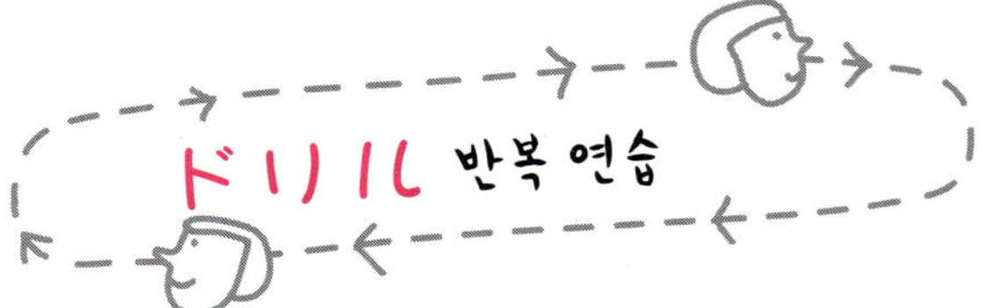

아래 표를 보고 존재를 나타내는 말을 파악하고, 예와 같이 말해 보세요.

사물		
	Formal (존댓말)	Informal (친한 사이)
긍정	あります	ある
부정	ありません	ない
의문	ありますか？	ある？

사람·동물		
	Formal (존댓말)	Informal (친한 사이)
긍정	います	いる
부정	いません	いない
의문	いますか？	いる？

※「ない」「いない」는 イ형용사, 나머지는 동사다.

예

formal

Q：<u>机</u>に<u>何</u>が<u>あります</u>か？

A：<u>ケータイ</u>が<u>あります</u>。

新しい ことば　새로운 말

☐ ～に…があります ~에 …가 있습니다　☐ 公園(こうえん) 공원　☐ 道(みち) 길　☐ いぬ 개　☐ ケータイ 휴대폰

☐ 何(なに)も 아무것도　☐ グラウンド 운동장　☐ だれも 아무도

1. **formal**

Q：公園に＿＿＿＿＿＿が＿＿＿＿＿＿？

A：＿＿＿＿＿＿が＿＿＿＿＿＿。

2. **informal**

Q：＿＿＿＿＿＿に＿＿＿＿＿が

＿＿＿＿＿？

A：＿＿＿＿＿＿が＿＿＿＿＿。

3. **informal**

Q：道に＿＿＿＿＿＿が＿＿＿＿＿？

A：＿＿＿＿＿＿が＿＿＿＿＿。

※ 동물에는 「だれ」를 쓰지 않는다.

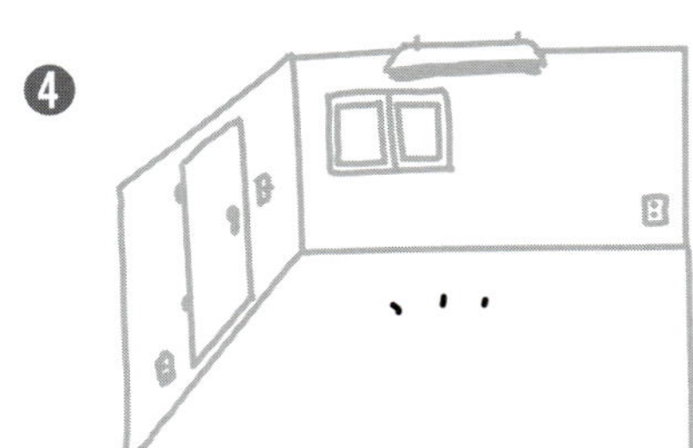

4. **informal**

Q：部屋に＿＿＿＿＿＿が＿＿＿＿＿？
A：何も＿＿＿＿＿＿。

5. **informal**

Q：グラウンドに＿＿＿＿＿が＿＿＿＿＿？

A：だれも＿＿＿＿＿＿。

위치를 나타내는 말을 배워 보세요.

1 소리 내어 읽어 보세요.

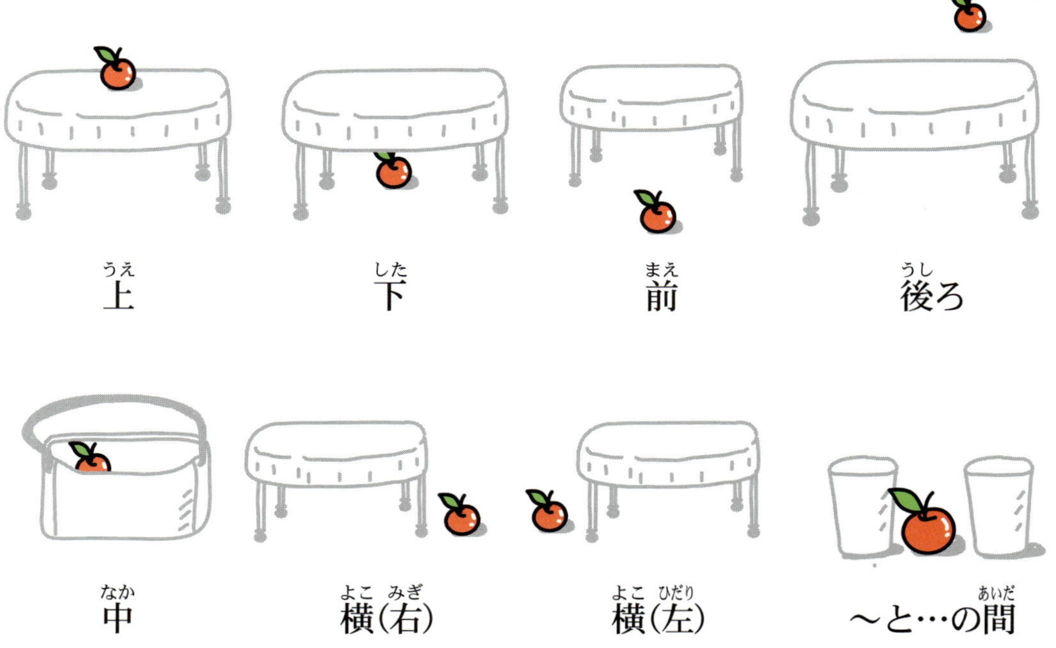

2 2~3명이 그룹을 이루어 교실 안에 있는 물건과 사람을 예와 같이 다양하게 표현해 보세요.

예
つくえ うえ ほん
机の上に本があります。

きょうしつ まえ せんせい
教室の前に先生がいます。

新しい ことば 새로운 말

- ☐ 下(した) 아래　☐ 前(まえ) 앞　☐ 後(うし)ろ 뒤　☐ 横(よこ) 옆　☐ 右(みぎ) 오른쪽　☐ 左(ひだり) 왼쪽
- ☐ ~と…の間(あいだ) ~와 …의 사이　☐ 本(ほん) 책　☐ ベッド 침대　☐ 本(ほん)だな 책장　☐ クーラー 에어컨
- ☐ いす 의자　☐ ごみばこ 쓰레기통　☐ ノートパソコン 노트북

❸ 2~3명이 그룹을 이루어 각자 보기의 물건을 모두 사용하여 특이한 방을 ①에 그려 보세요. 자신의
  방의 구조를 일본어로 설명하고, 나머지 사람들은 ②, ③에 들은 대로 그려 보세요.

① 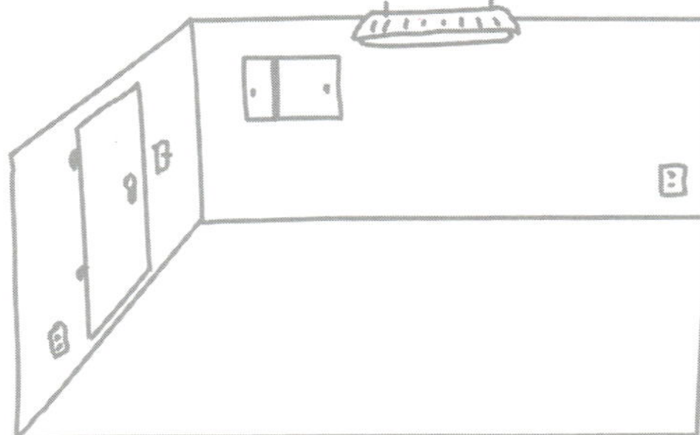

② 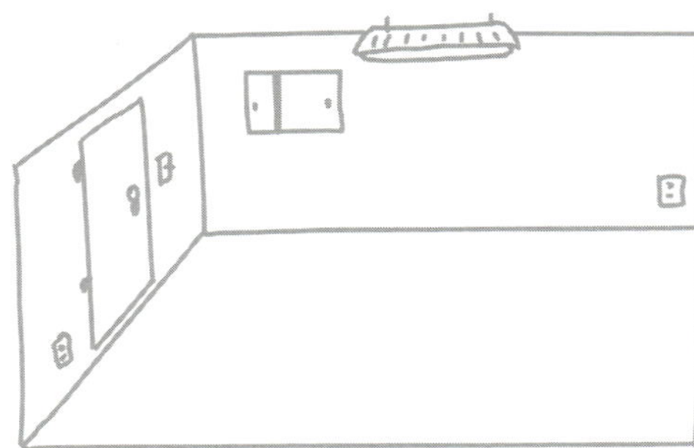

③ 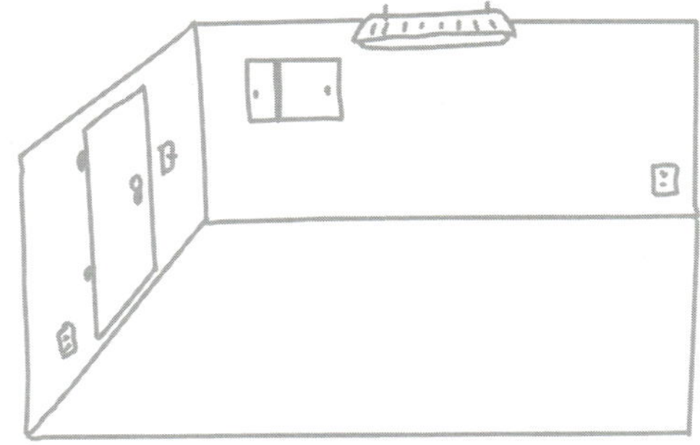

「ある」「いる」는 「ホテルに<u>ある</u>レストラン」「キャラクターが<u>いる</u>レストラン」과 같이 명사를
꾸미기도 한다.

① 예와 같이 ____에 다양한 말을 넣어 연습해 보세요.

〈비교〉

예 A : プチンゲとピザとどちらがおいしいですか。

　　 B : プチンゲよりピザ（の方_{ほう}）がおいしいです。

〈어느 것이 최고?〉

예 A : クラス（の中_{なか}）でだれが一番_{いちばん}まじめですか。

　　 B : 田中君_{た なかくん}が一番_{いちばん}まじめです。

참고표현
　　～と～とどちらが …
　　～より～（の方_{ほう}）が …
　　～（の中_{なか}）で ［ 何_{なに} / だれ / どこ / いつ ］が一番_{いちばん} …

新しい ことば _{あたら} 새로운 말

☐ プチンゲ 부침개　☐ ピザ 피자　☐ どちら 어느 쪽, 어디　☐ ～より ～보다　☐ ～の方（ほう）が ～쪽이

☐ クラス 학급　☐ いつ 언제

❷ 예와 같이 대화해 보세요.

예 A：Bさん、週末に映画でもいっしょにどうですか？

B：映画ですか。いいですよ。

A：映画で、何が一番好きですか？

B：ホラーですね。

A：私はホラーはちょっと…。

アクションとコメディーとどちらがいいですか？

B：コメディーよりアクション（の方）がいいです。

A：じゃ、アクションでいいですか？

B：はい。

참고어휘 スポーツ 食事 ゲーム コンサート
ショッピング 旅行

新しい ことば 새로운 말

☐ 映画（えいが）영화　☐ ～でも ～라도　☐ ホラー 호러　☐ ～はちょっと… ～는 좀… (싫다는 뜻)

☐ アクション 액션　☐ コメディー 코미디　☐ ～でいいですか？ ～로 해도 됩니까?

手_てのトレーニング 쓰기연습

◉ 빈칸에 알맞은 말을 써넣으세요.

❶ A：ディズニーランドの中_{なか}にホテルは＿＿＿＿＿＿？ (있습니까?)

B：いいえ、＿＿＿＿＿＿。　ディズニーシーの中_{なか}に＿＿＿＿＿＿。

❷ A：田中_{た なか}さんはどこに＿＿＿＿＿＿？

B：教室_{きょうしつ}に＿＿＿＿＿＿。

A：いえ、田中_{た なか}さんは教室_{きょうしつ}に＿＿＿＿＿＿。

B：え、そうですか？

❸ A：東京_{とうきょう}で＿＿＿＿＿＿が＿＿＿＿＿＿楽_{たの}しいですか？

B：うーん、浅草_{あさくさ}ですね。

A：じゃ、原宿_{はらじゅく}＿＿＿渋谷_{しぶや}＿＿＿＿＿＿が好_すきですか？

B：私_{わたし}は渋谷_{しぶや}＿＿＿原宿_{はらじゅく}が好_すきです。

🌱 新_{あたら}しい ことば　새로운 말

☐ 楽(たの)しい 즐겁다

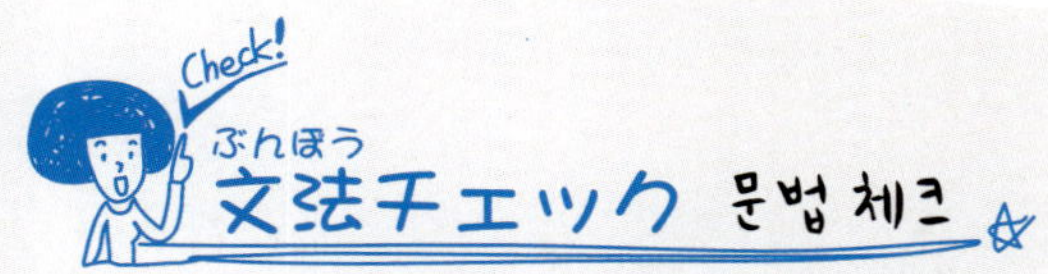

❶ 동사 あります / ありません / ありますか

사물이 있습니다 / 없습니다 / 있습니까? 〈존댓말〉

ホテルの前にレストランが<u>あります</u>か？

いいえ、<u>ありません</u>。ホテルの横にあります。

❷ 동사 います / いません / いますか

사람·동물이 있습니다 / 없습니다 / 있습니까? 〈존댓말〉

教室の中に人が<u>います</u>か？

いいえ、<u>いません</u>。犬はいます。

❸ 동사 ある / イ형 ない 사물이 있다 / 없다 〈(1)친한 사이 (2)명사를 꾸밈〉

(1) 駅の近くにバーが<u>ある</u>。／ ここに店は<u>ない</u>。

(2) お金が<u>ある</u>人 ／ 公園が<u>ない</u>町

❹ 동사 いる / イ형 いない 사람·동물이 있다 / 없다 〈(1)친한 사이 (2)명사를 꾸밈〉

(1) ぼくのよこに犬が<u>いる</u>。／ だれも<u>いない</u>。

(2) 家族が<u>いる</u>人 ／ 人が<u>いない</u>教室

❺ ～と～とどちらが… ～와 ～중에서 어느 쪽이 …

～より～(の方)が… ～보다 ～쪽이 …

すし<u>と</u>ラーメン<u>と</u>どちらが高いですか？

ラーメン<u>より</u>すし<u>が</u>高いです。

❻ ～(の中)で 何 / どこ / だれ / いつ が一番…

～중에서 무엇이 / 어디가 / 누가 / 언제가 가장 …

料理<u>(の中)で</u>何が一番得意ですか？ ／ 東京<u>で</u>お台場<u>が</u>一番好きです。

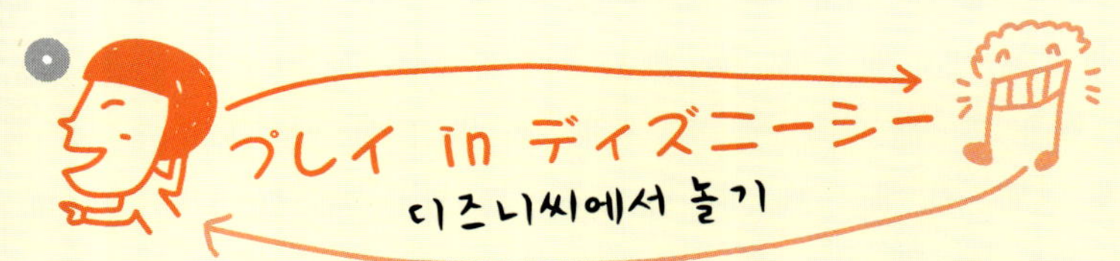

디즈니랜드와 디즈니씨 비교하기

빈칸에 들어갈 알맞은 형용사를 보기에서 고르세요. 각 형용사는 한 번만 사용하고 필요하면 활용하여 넣으세요.

❶ ディズニーランド・ディズニーシーは日本で一番（　　　　　）テーマパークだ。

❷ ディズニーランド・ディズニーシーは東京に（　　　　　）。

❸ ディズニーシーはディズニーランドより、子供が（　　　　　）。

❹ ディズニーシー（2001年）はディズニーランド（1983年）より（　　　　　）。

❺ ディズニーランドはディズニーシーよりアトラクションが（　　　　　）。

❻ ディズニーシーの海には本当の魚は（　　　　　）。

❼ 香港ディズニーランドは東京ディズニーランドより（　　　　　）。

❽ ディズニーランドはディズニーシーより（　　　　　）イメージだ。

보기

多い	ない	かわいい	新しい
有名	少ない	せまい	いない

新しい ことば　새로운 말

- 子供（こども）어린이
- アトラクション 어트랙션
- 魚（さかな）물고기
- 香港（ホンコン）홍콩
- かわいい 귀엽다
- イメージ 이미지

시뮬레이션 일본어

▶ 신주쿠 → 디즈니씨 or 나리타 → 디즈니씨

신주쿠에서 디즈니씨로 가는 가장 편한 방법은 직행 리무진 버스를 타는 것이다. JR신주쿠역 신미나미(新南)쪽 출구에 있는 JR고속버스터미널에서 탈 수 있으며, 약 40분 정도 소요된다. 나리타공항에서 직접 디즈니씨로 가는 경우에도 똑같이 리무진 버스를 이용하면 편하게 갈 수 있다. 제1여객터미널 1층 도착로비 7번 승차장과 제2여객터미널 1층 도착로비 11번 승차장에서 탈 수 있으며, 약 80분 정도 소요된다.

▶ 디즈니랜드 vs 디즈니씨

디즈니랜드와 디즈니씨 모두 지바현 우라야스시에 나란히 위치해 있는 테마파크로 시설이나 운영은 비슷하지만 자유롭게 왕래할 수 없다. 디즈니랜드가 어린이들이나 꿈과 낭만이 남아 있는 어른들에게 인기가 있다면, 디즈니씨는 주로 일상으로부터의 짧은 도피와 휴식을 원하는 현실적인 어른들에게 인기가 있다.

디즈니랜드의 메인 컨셉은 〈꿈과 마법의 왕국〉으로 디즈니씨보다 놀이기구가 많은 편이지만 대부분 스릴은 없는 편이다. 그러나 디즈니의 캐릭터 인형들이 길거리나 레스토랑 등 다양한 곳을 돌아다니는 것을 자주 볼 수 있다. 퍼레이드도 많이 준비되어 있다. 하루에 두 번 공연되는데, 낮에는 계절이나 시기에 맞춘 계절 퍼레이드나 이벤트 퍼레이드, 밤에는 불빛이나 대형 스크린을 이용한 레이저 퍼레이드가 펼쳐진다. 또한 디즈니 애니메이션의 다양한 캐릭터들을 그려볼 수 있는 디즈니 드로잉 클래스도 마련되어 있다.

디즈니씨의 메인 컨셉은 〈모험과 이메지네이션의 바다〉로 그야말로 놀이기구만이 아닌 풍경과 분위기, 음식을 즐기는 장소이다. 디즈니랜드와는 달리 술을 판매하는 가게도 몇 군데 있으며, 음식 맛도 디즈니랜드보다 나은 편이다. 놀이기구도 '타워 오브 테러'나 '레인징 스피릿츠', '센터 오브 디 어스'처럼 스릴 있는 것들이 많다. 디즈니씨에서는 퍼레이드가 없는 대신 많은 쇼를 진행하는데 수준이 높아 어른들에게도 인기가 많다. 단, 디즈니씨는 지면이 울퉁불퉁하여 오랫동안 걸어다니기 힘들다는 단점이 있다.

unit 13

ストーリー 스토리

시원과 야마모토는 오늘 도쿄를 떠나 40분가량 전철로 이동하여 요코하마(横浜)에 놀러 갔다.

新しい ことば 새로운 말

- ランドマークタワー 랜드마크 타워
- 横浜(よこはま) 요코하마
- シンボル 심볼, 상징
- 展望台(てんぼうだい) 전망대
- 行(い)きますか 갑니까?, 갈래요?
- モール 몰
- お茶(ちゃ) 차
- 飲(の)みますか 마십니까?, 마실래요?
- ～や… ～이나…
- ～するN ～하는 N
- 毎日(まいにち) 매일
- いっぱい 많이
- 来(き)ます 옵니다
- ～よね ～죠(확인)
- ～を ～을(를)
- よく 자주
- 来(き)ますか 옵니까?
- 来(き)ません 오지 않습니다
- 時々(ときどき) 가끔
- 土曜日(どようび) 토요일
- 友達(ともだち) 친구
- 会(あ)います 만납니다
- 何時(なんじ) 몇 시
- ～まで ～까지
- 午後(ごご) 오후

山本 ： これが有名なランドマークタワーです。
69階に展望台がありますよ。行きますか？

シウォン ： でも、今日は天気があまりよくありませんから…。

山本 ： じゃ、横のモールでお茶でも飲みますか？

シウォン ： ええ。

山本 ： ここはショッピングやデートや食事をする人が
毎日いっぱい来ます。

シウォン ： 山本さんも横浜ですよね。よくここに来ますか？

山本 ： 私は忙しいですから、あまり来ません。
時々、土曜日ここで友達と会います。

シウォン ： ここは何時までですか？

山本 ： 店は午後8時、レストランは11時までです。

グループ アクティビティ
그룹 활동

여러 가지 동사

❶ 동사를 소리 내어 읽어 보세요.

行(い)く

来(く)る

帰(かえ)る

見(み)る

起(お)きる

寝(ね)る

勉強(べんきょう)する

働(はたら)く

話(はな)す

言(い)う

遊(あそ)ぶ

会(あ)う

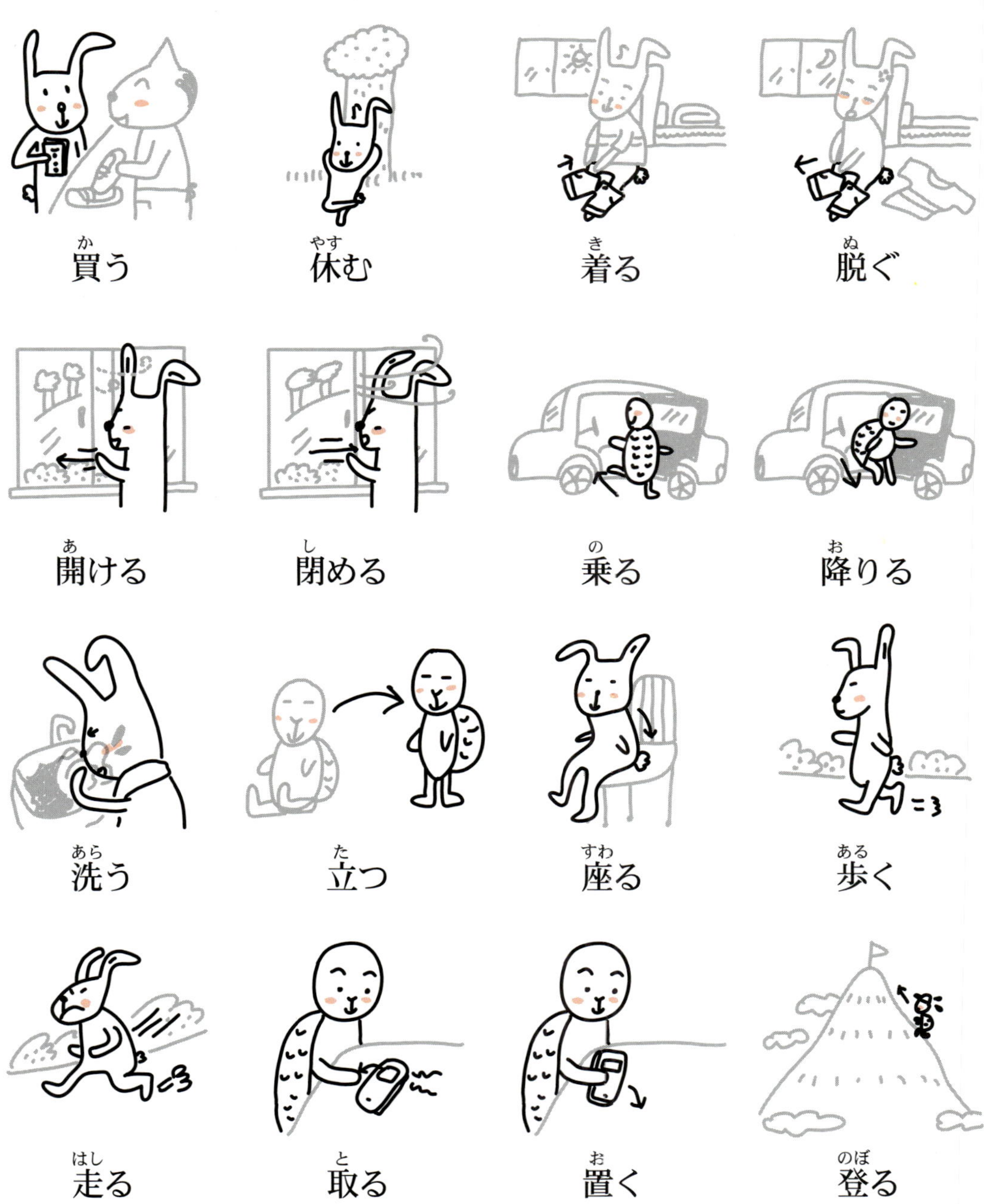

買う
休む
着る
脱ぐ
開ける
閉める
乗る
降りる
洗う
立つ
座る
歩く
走る
取る
置く
登る

❷ 3∼4명이 그룹을 이루어 136쪽의 동사(기본형) 28개를 아래와 같이 1, 2, 3그룹으로 나누어 보세요.

1그룹	2그룹	3그룹
2, 3그룹이 아닌 동사 (이렇게 알아두면 쉽다.)	る로 끝나고, る 앞에 い단, 또는 え단인 동사	2개만
예) 聞く (ki-ku) 座る (suwa-ru)	예) 見る (mi-ru) 食べる (tabe-ru)	する 来る

* 1그룹은 る 이외의 う단으로 끝나는 동사. る로 끝나는 경우는 る앞이 い단, 또는 え단이 아닌 동사

* (예외) 帰る・走る 는 형태는 2그룹이지만 실은 1그룹 동사 (예외 1그룹동사)

↓

시뮬레이션 일본어

❸ ②에서 나눈 28개의 동사 기본형을 아래와 같이 ます형(존댓말)으로 바꾸어 보세요.

<table>
<tr><td align="center">1그룹</td><td align="center">2그룹</td><td align="center">3그룹</td></tr>
<tr>
<td>마지막 글자를 い단으로 바꾸고, ます를 붙인다.</td>
<td>る를 빼고, ます를 붙인다.</td>
<td>그냥 외우기</td>
</tr>
<tr>
<td>

聞く (ki-ku)

→ 聞き ます (kiki-masu)

座る (suwa-ru)

→ 座り ます (suwari-masu)

</td>
<td>

見る (mi-ru)

→ 見ます (mi-masu)

食べる (tabe-ru)

→ 食べます (tabe-masu)

</td>
<td>

する

→ します

来る

→ 来ます

</td>
</tr>
<tr>
<td align="center">↓</td>
<td align="center">↓</td>
<td align="center">↓</td>
</tr>
</table>

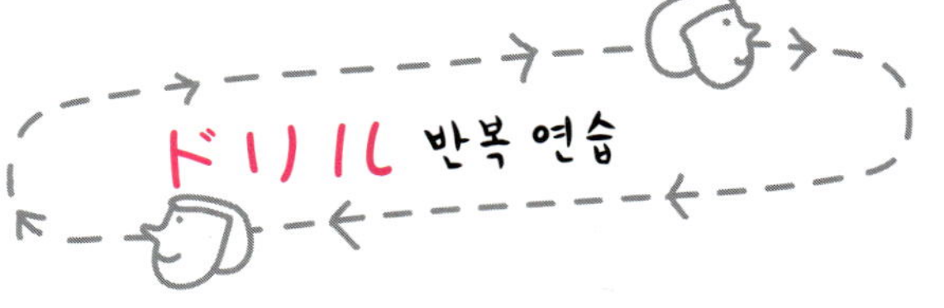

예와 같이 대화해 보세요.

A군(의문사)와 B군(조사)을 이용하세요.

A군

何を
どこへ
だれと/だれに

B군

- 〜を : 〜를
- 〜へ/〜に : 〜에/〜로(방향)
- 〜で : 〜에서(동작의 장소)
- 〜に 〜에(때)
- 〜と : 〜와

※ 〜ます 〜ㅂ니다 / 〜ますか？ 〜ㅂ니까？ / 〜ません 〜지 않습니다

예

A : 今日、何を 勉強しますか？
B : 日本語を勉強します。
A : 英語を勉強しますか？
B : いいえ、しません。

❶

A : 明日、______ ______ ますか？
B : ___________ます。
A : ___________ますか？
B : いいえ、_____ません。

新しい ことば 새로운 말

- ☐ 明日(あした) 내일   ☐ あさって 모레   ☐ 今晩(こんばん) 오늘 밤(에)   ☐ これから 지금부터
- ☐ 毎朝(まいあさ) 매일 아침(에)   ☐ 電車(でんしゃ) 전철

❷

A：あさって、＿＿＿＿＿ ＿＿＿＿＿＿＿＿＿ますか？

B：＿＿＿＿＿＿＿＿＿＿＿＿＿ます。

A：＿＿＿＿＿＿＿＿＿＿＿＿＿ますか？

B：いいえ、＿＿＿＿＿＿＿＿＿＿＿ません。

❸

A：今晩、＿＿＿＿＿ ＿＿＿＿＿＿＿＿＿ますか？

B：＿＿＿＿＿＿＿＿＿＿＿＿＿ます。

A：＿＿＿＿＿＿＿＿＿＿＿＿＿ますか？

B：いいえ、＿＿＿＿＿＿＿＿＿＿＿ません。

※ ～に会う / ～ と会う

❹

A：これから ＿＿＿＿＿ ＿＿＿＿＿＿＿＿＿ますか？

B：＿＿＿＿＿＿＿＿＿＿＿＿＿ます。

A：＿＿＿＿＿＿＿＿＿＿＿＿＿ますか？

B：いいえ、＿＿＿＿＿＿＿＿＿＿＿ません。

❺

A：毎朝、＿＿＿＿＿ ＿＿＿＿＿＿＿＿＿ますか？

B：＿＿＿＿＿＿＿＿＿＿＿＿＿ます。

A：＿＿＿＿＿＿＿＿＿＿＿＿＿ますか？

B：いいえ、＿＿＿＿＿＿＿＿＿＿＿ません。

※ ～に乗る

① 시간 표현을 소리 내어 읽어 보세요.

時 (じ)	1時	2時	3時
	いちじ	にじ	さんじ
	4時	5時	6時
	よじ	ごじ	ろくじ
	7時	8時	9時
	しちじ	はちじ	くじ
	10時	11時	12時
	じゅうじ	じゅういちじ	じゅうにじ

分 (ふん)	1分	2分	3分
	いっぷん	にふん	さんぷん
	4分	5分	6分
	よんぷん	ごふん	ろっぷん
	7分	8分	9分
	しちふん ななふん	はちふん はっぷん	きゅうふん
	10分	20分	30分 / 半
	じゅっぷん じっぷん	にじゅっぷん にじっぷん	さんじゅっぷん さんじっぷん / はん

～時に…　/　午前　/　午後　/　～時から…時まで

❷ 자신의 일과를 아래 표에 정리해 보세요.

예	<u>午前７時に起きます。</u> / <u>午後８時に家へ帰ります。</u>

☐ 時（じ）시　☐ 分（ふん）분　☐ 半（はん）반, 30분　☐ 午前（ごぜん）오전

❸ 친구의 일과에 대해 예와 같이 대화해 보세요.

※ p.140의 B군(조사)을 참고하세요.

예 A：私は毎朝７時に起きます。それから、７時半に朝ごはんを
　　食べます。そして、８時に学校へ行きます。

A：学校は何時から何時までですか？

B：午前９時から午後３時までです。
　　午後４時にアルバイトに行きます。

A：どんなアルバイトですか？

B：ウェイトレスです。午後９時に家へ帰ります。
　　午後10時から１時間ぐらい勉強します。

A：何を勉強しますか？

B：日本語と英語です。そして、12時に寝ます。

A：忙しいですね。

新しい ことば　새로운 말

□ それから 그러고 나서　　□ 半(はん) 반　　□ 朝(あさ)ごはん 아침식사　　□ そして 그리고

□ ～から…まで ~부터…까지　　□ アルバイト 아르바이트　　□ 家(いえ) 집　　□ ～ぐらい ~정도

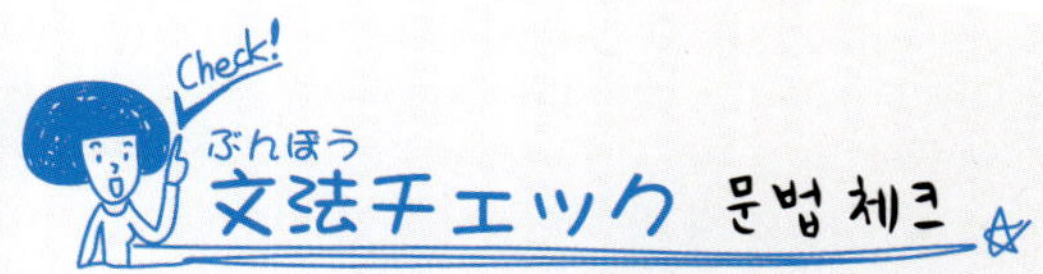

❶ **동사 기본형 〔見る / 食べる / ある …〕** (1) 친한 사이의 말투 (2) 명사를 꾸밈

※ 동사 기본형은 미래의 일이나 반복되는 습관적인 일에 쓰인다.

(1) A：明日、映画見る？　　　　B：うん、見る。

(2) このモールは食事する人でいっぱいです。

❷ **동사 ～ます** ㅂ니다 〈존댓말〉

※ ます형은 기본형과 같이 미래의 일이나 반복되는 습관적인 일에 쓰인다.

毎日教室で友達と話します。 / 寒いですから、明日からオーバーを着ます。

❸ **동사 ～ますか？** ㅂ니까? 〈존댓말〉

毎晩、お酒を飲みますか？ / どこで電車を降りますか？

❹ **동사 ～ません** ～지 않습니다 〈존댓말〉

忙しいですから、今日は家へ帰りません。

私はあまり新聞を読みません。

❺ **～から…まで** ～부터 …까지

銀行は午前9時から午後3時までです。

月曜日から土曜日まで働きます。

❻ **よく・時々・あまり・全然** 자주·가끔·별로·전혀 〈빈도를 나타내는 부사〉

※「あまり / 全然」은 부정문으로 쓰이지만, 요즘은 젊은 층에서「全然いいですよ」와 같이「全然」을
　 긍정문에서 쓰기도 한다.

A：よくショッピングしますか？　　　　B：いいえ、あまりしません。

A：時々運動をしますか？　　　　B：いいえ、全然しません。

新しい ことば 새로운 말

□ **オーバー** 오버 코트　□ **毎晩(まいばん)** 매일 밤　□ **新聞(しんぶん)** 신문　□ **銀行(ぎんこう)** 은행
□ **運動(うんどう)** 운동　□ **全然(ぜんぜん)** 전혀(부정문)

다음은 오늘 요코하마에서 놀 계획을 쓴 것입니다. 빈칸에 들어갈 알맞은 동사를 보기에서 골라, ます형으로 바꿔 넣으세요. 각 동사는 한 번씩만 쓸 수 있습니다.

今日は横浜駅からランドマークタワーがあるMM地区に ① 　　　　　。午前10時に横浜駅から電車に ② 　　　　　。そして、桜木町駅で電車を降ります。10時15分に駅の前で友達に ③ 　　　　　。友達とランドマークタワーまで5分 ④ 　　　　　。ランドマークタワーの69階からMM地区の景色を ⑤ 　　　　　。そして、ランドマークタワーの横のモール(ランドマークプラザ)でかばんと服を ⑥ 　　　　　。12時に1階のレストランでスパゲッティを ⑦ 　　　　　。それから3階のカフェでコーヒーを ⑧ 　　　　　。そこで30分友達と ⑨ 　　　　　。3時に横のビル(クイーンズスクエア)の1階でコンサートを ⑩ 　　　　　。今晩はこのビルの中のホテルで ⑪ 　　　　　。

보기

寝る	乗る	見る	買う	歩く	飲む
食べる	聞く	行く	会う	話す	

新しい ことば　새로운 말

- □ **MM(エムエム)地区(ちく)** 랜드마크 타워가 있는 지역 일대
- □ **景色(けしき)** 경치
- □ **桜木町駅(さくらぎちょうえき)** 랜드마크 타워와 가장 가까운 역
- □ **コンサート** 콘서트

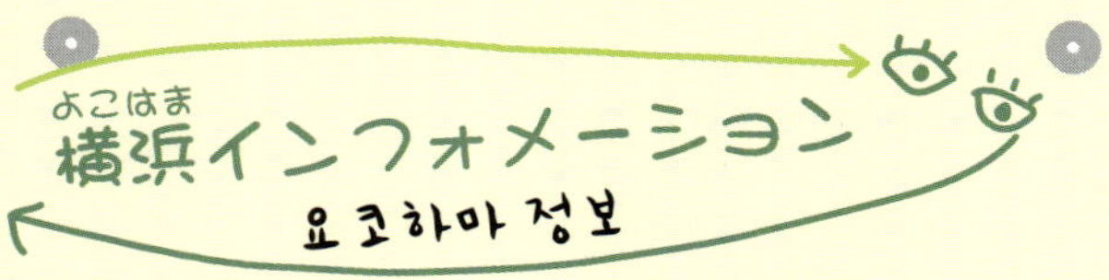

요코하마 → 핫케이지마 씨 파라다이스

요코하마에서 핫케이지마 씨 파라다이스까지 가는 가장 빠른 방법은 전철을 이용하는 것으로 아쉽게도 직행버스는 없다. 요코하마역에서 JR네기시선(根岸線)을 타고 신스기타(新杉田)역에서 내려 가나자와 씨사이드라인(金沢シーサイドライン)으로 갈아타면 된다. 소요시간은 41분 정도다.

아쿠아 테마 파크, 핫케이지마 씨 파라다이스

요코하마의 사쿠라기초역 주변이나 모토마치 관광이 끝난 뒤, 하루 더 요코하마에서 지낼 수 있는 여유가 있다면 핫케이지마 씨 파라다이스 (이하 씨 파라다이스)에 들를 것을 추천한다. 사쿠라기초역 주변 관광지보다 훨씬 더 유익하고 재미있는 볼거리들이 많기 때문이다. 씨 파라다이스는 요코하마시 가나자와구에 있는 '핫케이지마'라는 인공섬에 자리잡고 있다.

이 수족관은 일본에서 가장 많은 어류가 있는 수족관으로 유명하며, 규모 또한 일본 최고 수준이다. 어류뿐만 아니라 해양 포유류의 종류도 다양하고 어른들이 봐도 흥미로울 정도로 멋진 쇼들이 진행된다. 해양 동물들을 직접 만져 볼 수 있는 시설과 돌고래들만을 모아놓은 거대 수조도 있는데, 수조 안에 있는 하얀 돌고래는 씨 파라다이스의 메인 모델이기도 하다.

수족관 이곳저곳을 다 돌아봤다면 그 다음에는 선물 가게에 들러보는 것이 어떨까? 이곳에는 A관부터 D관에 이르는 엄청난 규모의 쇼핑 전용 빌딩이 들어서 있다. 선물도 사고 저녁도 먹고 그래도 뭔가 아쉽다고 생

각된다면 수족관 바로 옆에 자리잡고 있는 유원지에 가 보자. 수족관이나 쇼핑에 별로 관심이 없다면 여기서 시간을 보내는 것도 나쁘지 않다. 놀이기구의 종류는 모두 15개로 규모는 작지만 롤러코스터부터 회전목마까지 웬만한 것들은 다 있으며 대부분 비가 와도 운영한다. 그리고 어디까지나 씨 파라다이스의 메인은 수족관이기 때문에 비교적 사람이 많지 않아 대기 시간이 굉장히 짧다는 장점도 있다.

unit 14

箱根のロープウェイは とても長いですよ
（はこね／なが）

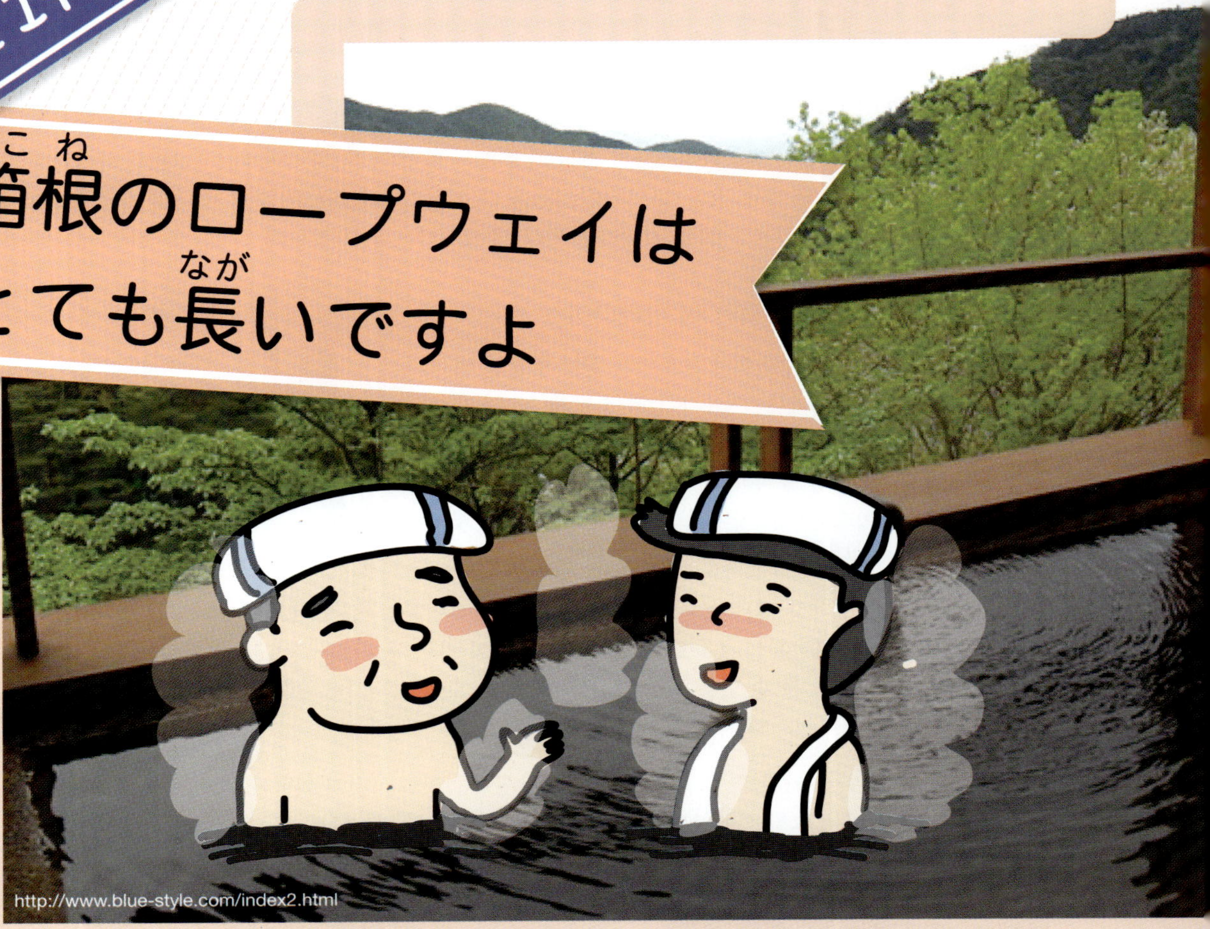

ストーリー 스토리

시원은 도쿄에서 한 시간 반 가량 열차를 타고 온천욕을 즐기기 위해 하코네(箱根)에 갔다.

新しい ことば 새로운 말
（あたら）

- □ 箱根(はこね) 하코네
- □ ロープウェイ 케이블카
- □ (お)湯(ゆ) 따뜻한 물
- □ 来(き)ました 왔습니다
- □ 来(き)ましたか 왔습니까?
- □ 先週(せんしゅう) 지난주
- □ 金曜日(きんようび) 금요일
- □ 5月(ごがつ) 5월
- □ 14日(じゅうよっか) 14일
- □ おととい 그제께
- □ 一週間(いっしゅうかん) 일주일간
- □ いました 있었습니다
- □ きのう 어제
- □ 時間(じかん)がなくて 시간이 없어서(이유)
- □ 乗(の)りませんでした 타지 않았습니다
- □ 残念(ざんねん) 아쉬움
- □ 露天風呂(ろてんぶろ) 노천온천
- □ 去年(きょねん) 지난해, 작년
- □ おととし 재작년

田中　：いいお湯ですね。あなたはどこからですか？

シウォン：あ、ぼくは韓国から来ました。

田中　：そうですか。いつ日本に来ましたか？

シウォン：先週の金曜日、5月14日です。

田中　：そうですか。日本のどこに行きましたか？

シウォン：おとといまで一週間、東京にいました。
　　　　　きのうは横浜で遊びました。
　　　　　そして今日、箱根に来ました。

田中　：箱根のロープウェイに乗りましたか？

シウォン：いえ、時間がなくて乗りませんでした。

田中　：それは残念でしたね。
　　　　　箱根のロープウェイは日本で一番長いですよ。

シウォン：そうですか。ところで、この露天風呂は静かで
　　　　　景色がいいですね。

田中　：ええ、ぼくはここが好きで、去年もおととしも
　　　　　来ましたよ。

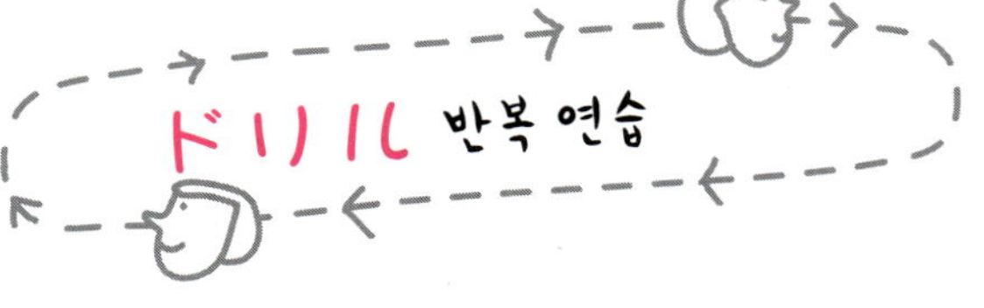

의문사(何を / どこへ / だれと)를 사용하여 대화해 보세요.

何を　　　どこへ　　　だれと

※ ～ました ～ㅆ습니다 　/ ～ましたか？　～ㅆ습니까? / ～ませんでした ～지 않았습니다

예

A : 今朝、何を 食べましたか？
B : パンを食べました。
A : くだものを食べましたか？
B : いいえ、食べませんでした。
　　/ はい、食べました。

❶

A : 最近、________ ましたか。
B : ________ ました。
A : ________ ましたか。
B : いいえ、______ませんでした。
　　はい、______ました。

❷

A : 週末に________ましたか。
B : ________ ました。
A : ________ ましたか。
B : いいえ、______ませんでした。
　　はい、______ました。

③

A：夏休（なつやす）みに（冬休（ふゆやす）みに）＿＿＿＿＿

ましたか。

B：＿＿＿＿＿ました。

A：＿＿＿＿＿ましたか。

B：いいえ、＿＿＿＿＿ませんでした。

はい、＿＿＿＿＿ました。

④

A：きのうの晩（ばん）、＿＿＿＿＿ましたか。

B：＿＿＿＿＿ました。

A：＿＿＿＿＿ましたか。

B：いいえ、＿＿＿＿＿ませんでした。

はい、＿＿＿＿＿ました。

⑤

A：去年（きょねん）のクリスマスに ＿＿＿＿＿

ましたか。

B：＿＿＿＿＿ました。

A：＿＿＿＿＿ましたか。

B：いいえ、＿＿＿＿＿ませんでした。

はい、＿＿＿＿＿ました。

新（あたら）しい ことば　새로운 말

☐ 今朝（けさ）오늘 아침　☐ パン 빵　☐ くだもの 과일　☐ 最近（さいきん）최근　☐ 夏休（なつやす）み 여름
휴가(방학)　☐ 冬休（ふゆやす）み 겨울 휴가(방학)　☐ きのうの晩（ばん）어젯밤(에)　☐ クリスマス 크리스마스

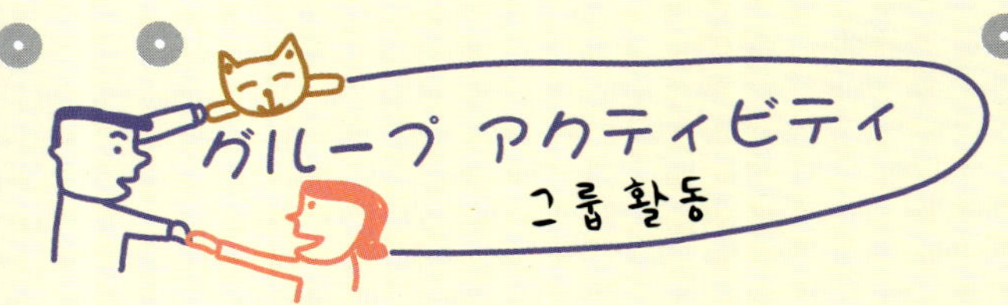

❶ 날짜와 요일, 연도에 관한 표현을 소리 내어 읽어 보세요.

月 がつ	1月 いちがつ	2月 にがつ	3月 さんがつ
	4月 しがつ	5月 ごがつ	6月 ろくがつ
	7月 しちがつ	8月 はちがつ	9月 くがつ
	10月 じゅうがつ	11月 じゅういちがつ	12月 じゅうにがつ

日 にち	1日 ついたち	2日 ふつか	3日 みっか	4日 よっか	5日 いつか
	6日 むいか	7日 なのか	8日 ようか	9日 ここのか	10日 とおか
	11日 じゅういちにち	12日 じゅうににち	13日 じゅうさんにち	14日 じゅうよっか	15日 じゅうごにち
	16日 じゅうろくにち	17日 じゅうしちにち	18日 じゅうはちにち	19日 じゅうくにち	20日 はつか
	21日 にじゅういちにち	22日 にじゅうににち	23日 にじゅうさんにち	24日 にじゅうよっか	25日 にじゅうごにち
	26日 にじゅうろくにち	27日 にじゅうしちにち	28日 にじゅうはちにち	29日 にじゅうくにち	30日 さんじゅうにち
	31日 さんじゅういちにち				

新しい ことば 새로운 말
あたら

- □ 年(ねん) 년　□ 月(がつ) 월　□ 日(にち) 일　□ 今年(ことし) 올해　□ 今月(こんげつ) 이번 달
- □ 今週(こんしゅう) 이번 주

시뮬레이션 일본어

曜日 （よう び）	月曜日 げつようび	火曜日 かようび	水曜日 すいようび	木曜日 もくようび
	金曜日 きんようび	土曜日 どようび	日曜日 にちようび	

おととし	去年 きょねん	今年 ことし	来年 らいねん	再来年 さらいねん
先々月 せんせんげつ	先月 せんげつ	今月 こんげつ	来月 らいげつ	再来月 さらいげつ
先々週 せんせんしゅう	先週 せんしゅう	今週 こんしゅう	来週 らいしゅう	再来週 さらいしゅう
おととい	きのう	今日 きょう	明日 あした	あさって

年 （ねん）	せんきゅうひゃくねん 1900年	にせん ねん 2000年	にせんななねん 2007年
	にせんはち ねん 2008年	にせんくねん 2009年	にせんじゅうねん 2010年
	にせんじゅういちねん 2011年	にせんじゅうにねん 2012年	にせんじゅうさんねん 2013年
	にせんじゅうよねん 2014年	にせんじゅうごねん 2015年	にせんじゅうろくねん 2016年

❷ 3~4명이 그룹을 이루어 예와 같이 각자 질문을 몇 개씩 만들어 묻고 답하세요.
단, 휴대전화 달력으로 알아볼 수 있는 범위에서 문제를 만드세요.

예 (1) きのうは何日（なんにち）、何曜日（なんようび）でしたか？

(2) 今週（こんしゅう）の金曜日（きんようび）は何日（なんにち）ですか？

(3) 先月（せんげつ）の14日（じゅうよっか）は何曜日（なんようび）でしたか？

(4) 今年（ことし）の1月1日（いちがつついたち）は何曜日（なんようび）でしたか？

(5) 今年（ことし）の9月（くがつ）の木曜日（もくようび）は何日（なんにち）と何日（なんにち）ですか？

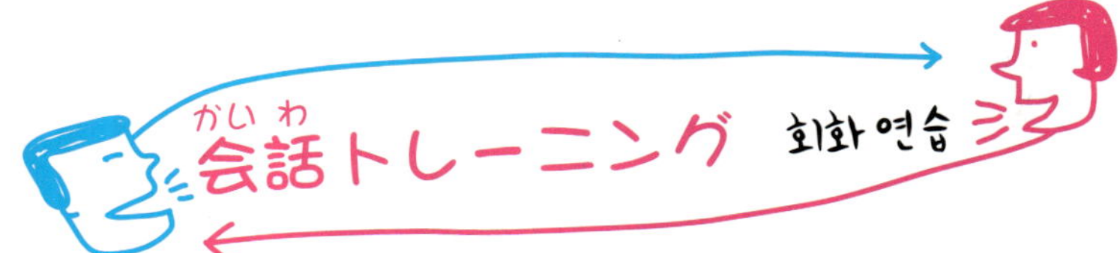

❶ 가장 즐거웠던 때와 가장 바빴던 때에 대해 써 보세요.

	いつ	何をしたか なに
一番楽しかったこと いちばんたの		
一番忙しかったこと いちばんいそが		

- ☐ 〜こと ~일
- ☐ 何(なに)をしたか 무엇을 했는가?
- ☐ 何日間(なんにちかん) 며칠간
- ☐ 6日間(むいかかん) 6일간
- ☐ 温泉(おんせん)に入(はい)りました 온천욕을 했습니다
- ☐ よかったですね 좋았네요
- ☐ 時(とき) 때
- ☐ 重要(じゅうよう) 중요함
- ☐ 大変(たいへん) 힘듦
- ☐ 合格(ごうかく) 합격

❷ 상대방의 경험에 대해 예와 같이 자유롭게 대화해 보세요.

예 A： Bさんはいつが一番楽しかったですか？

B： おととしの夏休みが一番楽しかったです。

A： 何がありましたか？／何をしましたか？

B： 家族といっしょに北海道旅行に行きました。

A： そうですか。何日間旅行しましたか？

B： 6日間です。

A： 北海道で何をしましたか？

B： 温泉に入りました。

A： それはよかったですね。

B： じゃ、一番忙しかった時はいつですか？

A： 去年の12月です。1月に重要なテストがありましたから、毎日勉強しました。

B： 大変でしたね。テストはどうでしたか？

A： はい、合格しました。

B： よかったですね。

アドバイス　알아두기

「一番忙しかった時は…」는 흔히 「一番忙しかったのは…」라고 「の」로 대신하기도 한다.

耳のトレーニング 듣기연습　 track 14-2　정답 및 모범 예시 p.181

◎ 잘 듣고 여자가 지난 주말에 무엇을 했는지 예와 같이 써넣으세요.

예	友達と海に行きました。おいしい食事もしました。
1	
2	
3	

手のトレーニング 쓰기연습　정답 및 모범 예시 p.182

◎ 빈칸에 알맞은 말을 써넣으세요.

❶ A：いつ韓国から日本に____________？

B：おととい____________。2日間、東京に____________。
そして、きのうは横浜で友達に____________。

A：横浜で船に____________？

B：いいえ、時間がありませんでしたから____________。

❷ A：誕生日は____________？

B：7月25日です。

A：今年の誕生日は____________？

B：えっと、木曜日です。

A：誕生日に何を____________？

B：家族といっしょにレストランへ____________。

A：じゃ、去年の誕生日は何を____________？

B：去年は何も____________。

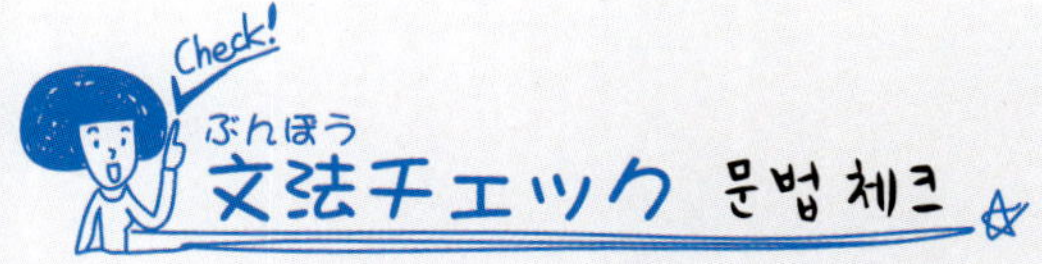

❶ 동사 〜ました 〜ㅆ습니다 〈과거〉

去年、箱根で温泉に入りました。

今朝、箱根の山に登りました。

❷ 동사 〜ましたか 〜ㅆ습니까? 〈과거·의문〉

私のプレゼントを開けましたか？

どこで電車を降りましたか？

❸ 동사 〜ませんでした 〜지 않았습니다 〈과거·부정〉

あまりゆっくり休みませんでした。

彼女は私の話を全然聞きませんでした。

❹ イ形容詞 (い를 빼고) 〜くて/ ナ形容詞 〜で 〈이유를 나타낸다.〉

時間がなくて、宿題をしませんでした。

温泉が好きで、毎年ここに来ます。

あたら
新しい ことば　새로운 말

□ 彼 (かれ) 남자친구　□ 船 (ふね) 배　□ 誕生日 (たんじょうび) 생일　□ 山 (やま) 산　□ ゆっくり 천천히

□ 彼女 (かのじょ) 여자친구, 그 여자　□ 話 (はなし) 이야기　□ 宿題 (しゅくだい) 숙제　□ 毎年 (まいとし) 매년

アドバイス　알아두기

장소를 나타내는 조사 「に」「で」는 쓰임새가 다르다. 「家にいます」와 같이 존재를 나타내는 동사를 수반할 때는 「に」를, 「家で勉強します」와 같이 동작성 동사를 수반할 때는 「で」를 사용한다.

「いる」「ある」를 제외하고 많은 동사들은 주로 동작동사로 분류된다.

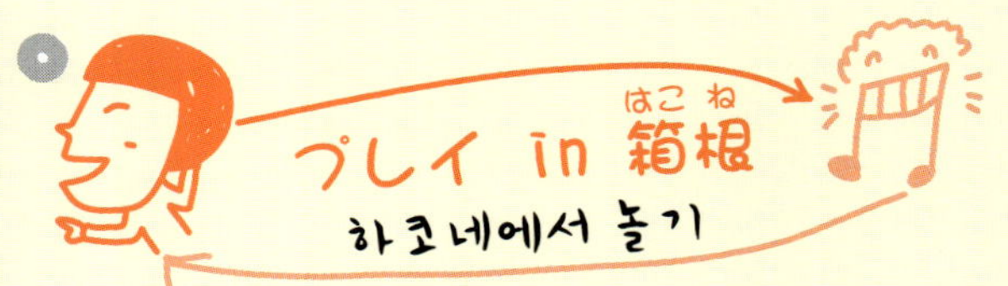

하코네는 물론, 일본은 전국 어디를 가도 온천이 있는 온천 천국입니다. 그래서 역시 온천에서 상식으로 여겨지는 것들이 있습니다. 아래 ⬭ 에 적당한 말을 써넣으세요.

❶ 온천에서 ⬭ 를 하지 않는다.　　* 힌트 : 한국인이 가장 하기 쉬운 실수

❷ 탕 속에 ⬭ 을 담그지 않는다.　　* 힌트 : 위생상

❸ 탕에 들어가기 전에 간단히 ⬭ 을 씻는다.

❹ 피부 미용 때문이라고 해서 ⬭ 를 탕에 가져가서는 안 된다.

❺ 온천은 ⬭ 를 즐기는 곳이므로 큰 소리로 웃거나 떠들지 않는다.

❻ 욕실을 달리거나 해서 주위 사람들에게 피해를 주기 때문에 되도록이면 ⬭ 을 안 데리고 가는 것이 좋다.

❼ 욕실을 나오기 전에 ⬭ .　　* 탈의실의 위생상

시뮬레이션 일본어

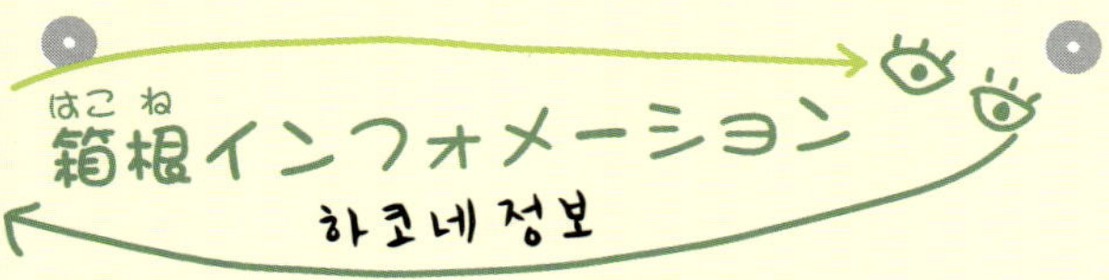

➡ 신주쿠 → 하코네유모토

신주쿠에서 하코네유모토까지 가장 빨리 가는 방법은 오다큐 특급 하코네 23호(小田急特急はこね23号)를 이용하는 것이다. 1시간 30분 정도 소요된다.

➡ 시대에 맞춰 변화해 가는 일본 여관

예전부터 일본 내에서 온천 여행이란 굉장히 비싸고 호화스러운 것이었다. 당시 여관은 사원 여행처럼 단체 여행 고객이 주를 이루었으며, 이는 일본 거품경제 시기에 최고조에 달했다. 이 시기에 각 여관 회사들은 경쟁하듯 새 여관을 짓고 대연회장 등을 추가로 지었다. 그러나 버블 붕괴 이후 경제 사정이 악화되고 수많은 회사가 도산하면서 일본 여관들은 엄청난 위기를 맞게 된다. 사람들이 가장 먼저 여행 경비를 줄이게 되었기 때문이다. 곧이어 전통 여관들이 줄줄이 도산했으며, 남은 여관들은 살아남기 위해 새로운 방안을 모색해야만 했다. 이때 생겨난 것이 '가격 파괴 여관'이다. 일반적인 전통 여관과 달리, 룸서비스를 없애고 식사 등을 뷔페식으로 바꾼 것이다. 이를 계기로 각 온천지에서 저렴한 여관들이 인기를 얻기 시작했다. 물론 새로운 방식의 도입을 꺼리는 전통 여관들도 있었다. 이러한 여관들은 '가격 파괴 여관'들에 대응하기 위해 여관의 고급화로 차별을 꾀했다. 방을 리조트처럼 리모델링하고 개인용 노천탕을 방에 들여 놓는 등 손님들의 시선을 집중시킨 것이다. 그러나 그만큼 가격대도 만만치 않다.

여관에 따라 다르겠지만, 저렴한 경우 방은 깨끗하지만 음식이 그다지 맛이 없다든지 노천탕이 너무 작다든지 하는 여러 가지 불만이나 문제점이 있을 수 있다. 그러므로 무조건 저렴한 곳을 선택하는 것보다 적당한 가격대의 온천 여관을 선택해서 머무는 것이 좋다.

unit 15

祭りは見る人より参加する人の方が楽しいです

ストーリー 스토리

시원은 한국에 돌아가기 전날, 도쿄(東京) 간다(神田)에서 열리는 마쓰리(祭り : 일본 전통 축제)를 구경하러 갔다.

新しい ことば 새로운 말

- 祭(まつ)り 마쓰리, 일본 전통 축제
- 参加(さんか) 참가
- みこし 마쓰리에서 짊어지는 가마
- うわー 우와(감탄)
- 元気(げんき) 힘참(ナ형)
- 若(わか)い 젊다
- 女(おんな)の人(ひと) 여자
- 子供(こども) 아이
- たくさん 많이
- ひとつ 하나
- 列(れつ) 열
- 全部(ぜんぶ)で 전부 합쳐서
- 約(やく) 약
- ～と思(おも)います ～라고 생각합니다
- ～ごろ ~쯤
- 回(まわ)ります 돕니다
- 前(まえ)は 예전에는
- おどりました 춤을 췄습니다
- ほら 저길 봐요(주의를 돌리다)

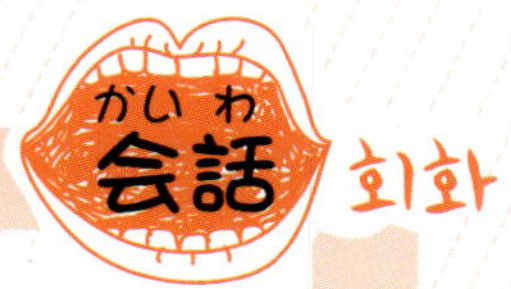

山本　：　あ、みこしが来ましたよ。

シウォン：　うわー！　元気ですね。若い女の人もいますね。

山本　：　ええ、子供も女の人もたくさん参加しますよ。
この祭りは日本で一番有名な祭りのひとつです。

シウォン：　そうですか。長い列ですね。全部で何人ですか？

山本　：　約300人ぐらいいると思いますよ。
朝8時ごろから夜の7時まで町を回ります。

シウォン：　大変ですね。山本さんもよく祭りに参加しますか？

山本　：　前はよくおどりました。
あまり上手じゃありませんでしたけど…。

シウォン：　楽しかったですか？

山本　：　ええ。祭りは見る人より参加する人の方が楽しいです
から。でも、去年は忙しくて何もしませんでした。

シウォン：　それは残念でしたね。祭りに参加する外国人もいま
すか？

山本　：　ええ、いますよ。ほら、あそこ、あそこ。

상황에 맞게 대화해 보세요.

상대방에게 좋은 일이나 안 좋은 일이 생겼을 때 위로, 축하, 격려 등의 말을 해줘야 하죠.
예와 같이 상황에 맞게 적당한 위로, 격려 등의 말을 보기에서 골라 대화를 완성해 보세요.

예

A : どうしましたか？
B : テストが100点でした。
A : それはよかったですね。

❶

A : どうしましたか？
B : 山下君に＿＿＿＿＿＿＿＿＿＿。
A : それは＿＿＿＿＿＿＿＿＿＿。

❷

A : どうしましたか？
B : ちょっと気分が＿＿＿＿＿＿＿。
A : え、＿＿＿＿＿＿＿＿＿＿。

❸

A：どうしましたか？
B：…借金が______________。
A：それは______________。

❹

A：どうしましたか？
B：10,000ウォンを______________。
A：それは______________。

❺

A：どうしましたか？
B：今日、私の______________。
A：それは______________。

おめでとうございます　　残念ですね/でしたね　　運がいいですね
大変ですね　　だいじょうぶですか

新しい ことば　새로운 말

- ☐ 彼女（かのじょ）여자친구　☐ ひろう 줍다　☐ 気分（きぶん）기분　☐ 借金（しゃっきん）빚
- ☐ おめでとうございます 축하합니다

❶ 마음 속으로 잘 모르는 반 친구를 한 사람 선택하고, 그 사람에 대한 자신의 생각을 아래 표에 써 보세요.

	예	당신의 생각
友達	友達は（ あまり多くない ）	友達は（　　　　　　　）
お金	お金は（ 全然ない ）	お金は（　　　　　　　）
好きなもの	（ 読書 ）が好き	（　　　　　　　）が好き
性格	（ まじめな ）性格	（　　　　　　　）性格
恋人	恋人は（ 多分いない ）	恋人は（　　　　　　　）
よくすること	よく（ 勉強する ）	よく（　　　　　　　）
苦手なこと	（ ゲーム ）が苦手	（　　　　　　　）が苦手
ヒント	とても背が高い	

新しい ことば　새로운 말

☐ 好(す)きなもの 좋아하는 것　☐ 性格(せいかく) 성격　☐ 恋人(こいびと) 애인

☐ 苦手(にがて)なこと 못하고 자신 없는 일　☐ 背(せ) 키

❷ 「______と思います」를 사용하여 자신의 생각을 모두 앞에서 예와 같이 퀴즈 형태로 발표하고,
나머지 사람들은 누군지 맞춰 보세요.

イ형 (〜い)＋と思う　/　イ형 (い를 빼고) くない＋と思う

ナ형＋だ＋と思う　/　ナ형 じゃない(ではない)＋と思う

N(명사)＋だ＋と思う　/　N＋じゃない(ではない)＋と思う

동사 기본형＋と思う

예 この人は友達はあまり多くないと思います。

お金は全然ないと思います。

それから、読書が好きだと思います。

恋人は多分いないと思います。

そして、よく勉強すると思います。

ゲームが苦手だと思います。

この人はだれですか？

* 맞추는 사람은 도중에 대답하지 말고 「この人はだれですか？」까지 다 듣고 나서 손 들고 맞춰 보세요.

* 아무도 맞추지 못하면 준비한 힌트를 아래와 같이 말해 보세요.

　「この人はとても背が高いです。」

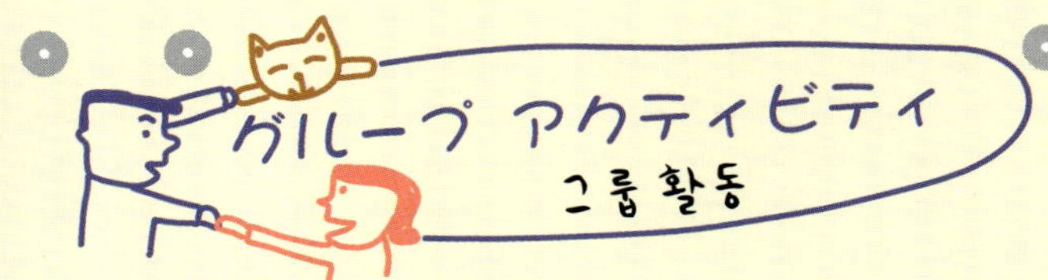

❶ 사물을 세는 표현을 소리 내어 읽어 보세요.

특징	예	의문사	표현				
사물	ケータイ ビル 宿題（しゅくだい） 借金（しゃっきん）	いくつ	1つ ひとつ	2つ ふたつ	3つ みっつ	4つ よっつ	5つ いつつ
			6つ むっつ	7つ ななつ	8つ やっつ	9つ ここのつ	10つ とお
사람	学生 女の人	何人（なんにん）	1人 ひとり	2人 ふたり	3人 さんにん	4人 よにん	5人 ごにん
			6人 ろくにん	7人 しちにん ななにん	8人 はちにん	9人 きゅうにん	10人 じゅうにん
작은 물건	さいふ ケータイ	何個（なんこ）	1個 いっこ	2個 にこ	3個 さんこ	4個 よんこ	5個 ごこ
			6個 ろっこ	7個 しちまい ななこ	8個 はっこ はちこ	9個 きゅうこ	10個 じゅっこ じっこ
얇은 물건	紙（かみ） シャツ	何枚（なんまい）	1枚 いちまい	2枚 にまい	3枚 さんまい	4枚 よんまい	5枚 ごまい
			6枚 ろくまい	7枚 ななまい	8枚 はちまい	9枚 きゅうまい	10枚 じゅうまい

新（あたら）しい ことば　새로운 말

□ いくつ 얼마　□ 宿題（しゅくだい）숙제　□ 何個（なんこ）몇 개　□ 何枚（なんまい）몇 장　□ 紙（かみ）종이

□ 何本（なんぼん）몇 자루, 몇 개　□ えんぴつ 연필　かさ 우산　□ 何冊（なんさつ）몇 권　□ 雑誌（ざっし）잡지

□ 何台（なんだい）몇 대　□ 機械（きかい）기계　□ 車（くるま）자동차　□ 何足（なんぞく）몇 켤레　□ くつ 신발

□ サンダル 샌들　□ スリッパ 실내 슬리퍼　□ 何匹（なんびき）몇 마리　□ 鳥（とり）새　□ 何杯（なんばい）몇 장

□ 何歳（なんさい）몇 살　□ 歳（とし）나이

시뮬레이션 일본어

가늘고 긴 물건	えんぴつ かさ	何本 (なんぼん)	1本 いっぽん	2本 にほん	3本 さんぼん	4本 よんほん	5本 ごほん
			6本 ろっぽん	7本 ななほん	8本 はっぽん はちほん	9本 きゅうほん	10本 じゅっぽん じっぽん
책 잡지	本(ほん) 雑誌(ざっし)	何冊 (なんさつ)	1冊 いっさつ	2冊 にさつ	3冊 さんさつ	4冊 よんさつ	5冊 ごさつ
			6冊 ろくさつ	7冊 ななさつ	8冊 はっさつ はちさつ	9冊 きゅうさつ	10冊 じゅっさつ じっさつ
기계 자동차	機械(きかい) 車(くるま)	何台 (なんだい)	1台 いちだい	2台 にだい	3台 さんだい	4台 よんだい	5台 ごだい
			6台 ろくだい	7台 しちだい ななだい	8台 はちだい	9台 きゅうだい	10台 じゅうだい
구두 샌들 슬리퍼	くつ サンダル スリッパ	何足 (なんぞく)	1足 いっそく	2足 にそく	3足 さんそく さんぞく	4足 よんそく	5足 ごそく
			6足 ろくそく	7足 ななそく	8足 はっそく はちそく	9足 きゅうそく	10足 じゅっそく じっそく
작은 동물	犬(いぬ) 鳥(とり)	何匹 (なんびき)	1匹 いっぴき	2匹 にひき	3匹 さんびき	4匹 よんひき	5匹 ごひき
			6匹 ろっぴき	7匹 ななひき	8匹 はっぴき はちひき	9匹 きゅうひき	10匹 じゅっぴき じっぴき
잔 컵에 든 것	コーヒー ジュース	何杯 (なんばい)	1杯 いっぱい	2杯 にはい	3杯 さんばい	4杯 よんはい	5杯 ごはい
			6杯 ろっぱい	7杯 ななはい	8杯 はっぱい はちはい	9杯 きゅうはい	10杯 じゅっぱい じっぱい
나이	歳(とし)	何歳 (なんさい)	1才 いっさい	2才 にさい	3才 さんさい	4才 よんさい	5才 ごさい
			6才 ろくさい	7才 ななさい	8才 はっさい はちさい	9才 きゅうさい	10才 じゅっさい じっさい

❷ 3~4명이 그룹을 이루어 교실 내에 어떤 물건이 몇 개씩 있는지 물건의 이름과 개수를 정확하게 적어 보세요 .

　＊ 개인 물건은 포함시키지 마세요.

　＊ ひらがな와 カタカナ표기를 구별해서 정확하게 적으세요.

물건 이름	개수	물건 이름	개수
예 コンピュータ	1台		

❸ 결과를 발표하세요. 가장 많이 정확하게 세는 그룹이 이깁니다.
　(시간이 있으면 칠판에 적어 표기까지 확인하는 것이 좋습니다.)

시뮬레이션 일본어

手(て)のトレーニング 쓰기연습

◎ 빈칸에 적당한 말을 써넣으세요.

山本(やまもと)：詩元(シウォン)さん、明日(あした)は韓国(かんこく)に ① ___________ 日(ひ)ですね。(동사)

詩元(シウォン)：はい。山本(やまもと)さん、この２週間(しゅうかん)、本当(ほんとう)に ② ___________ 。

山本(やまもと)：いえ、どういたしまして。私(わたし)も楽(たの)しかったです。詩元(シウォン)さんはどこが一番(いちばん)

③ ___________ ですか？（イ形 과거）

詩元(シウォン)：そうですね…。浅草(あさくさ)と箱根(はこね)です。

山本(やまもと)：どうしてですか？

詩元(シウォン)：浅草(あさくさ)は古(ふる)い日本(にほん)の町(まち)で、きれいな芸者(げいしゃ)さんも ④ ___________ から。(동사 과거)

山本(やまもと)：じゃ、箱根(はこね)は？

詩元(シウォン)：箱根(はこね)の温泉(おんせん)はとても ⑤ ___________ で景色(けしき)もきれいでしたから。（ナ形）

山本(やまもと)：そうですか。ところで、韓国(かんこく)の家族(かぞく)や友達(ともだち)におみやげを

⑥ ___________ ？（동사 과거）

詩元(シウォン)：いいえ、明日(あした)、成田空港(なりたくうこう)で ⑦ ___________ 。(동사) 何(なに)がいいですか？

山本(やまもと)：そうですね、日本(にほん)のおいしいお酒(さけ)はどうですか？ 少(すこ)し高(たか)いですけど…。

詩元(シウォン)：実(じつ)は…お金(かね)があまり ⑧ ___________ から…。

山本(やまもと)：そうですか。じゃ、⑨ ___________ ておいしいおかしがいいですね。（イ形）

おみやげは ⑩ ___________ 必要(ひつよう)ですか？

詩元(シウォン)：８つです。家族(かぞく)と友達(ともだち)７人(にん)です。

山本(やまもと)：多(おお)いですね。

ところで、明日(あした)は ⑪ ___________ の飛行機(ひこうき)ですか？

詩元(シウォン)：午前(ごぜん)８時半(じはん)です。

山本(やまもと)：え、⑫ ___________ ですね。（イ形）

詩元(シウォン)：ええ。安(やす)いチケットですから。

新(あたら)しい ことば 새로운 말

□ 日(ひ) 날　□ どういたしまして 천만에요　□ どうして 왜　□ おみやげ 선물　□ お酒(さけ) 술

□ 実(じつ)は 실은　□ 飛行機(ひこうき) 비행기

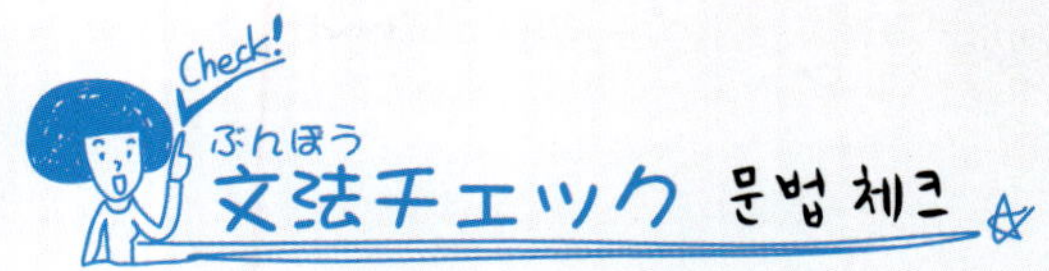

文法チェック 문법 체크

❶ 〜と思う 〜라고 생각한다

外国人も時々祭に参加すると思います。

日本の露天風呂は最高だと思います。

※ 〜と思う 앞에 です・ます형은 오지 않는다.

新しい ことば 새로운 말

☐ 最高（さいこう）최고

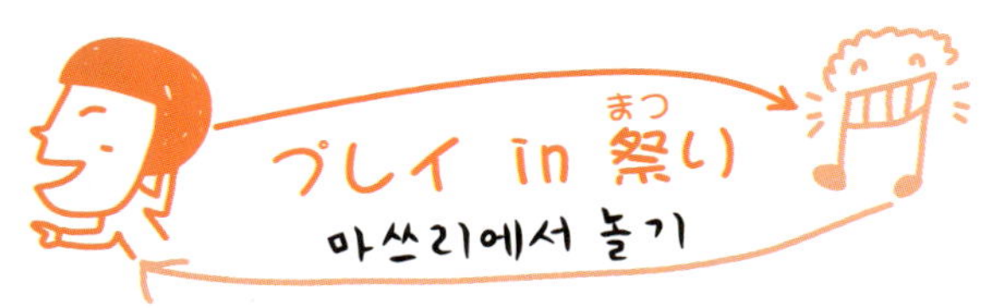

일본의 마쓰리는 일년 내내 여러 지역에서 개최되고 그 숫자도 많습니다. 아래 표는 대표적인 마쓰리의 특징입니다. 각각의 마쓰리에 해당하는 사진을 골라 보세요.

	특징	사진 기호
①	みこし(가마)が中心の祭り	
②	グループでおどる祭り	
③	大きなとうろう(등롱)が町を歩く祭り	
④	たいこ(북)が中心の祭り	
⑤	はだか(알몸)で参加する祭り	

（ア）　　　　　　　　　　（イ）

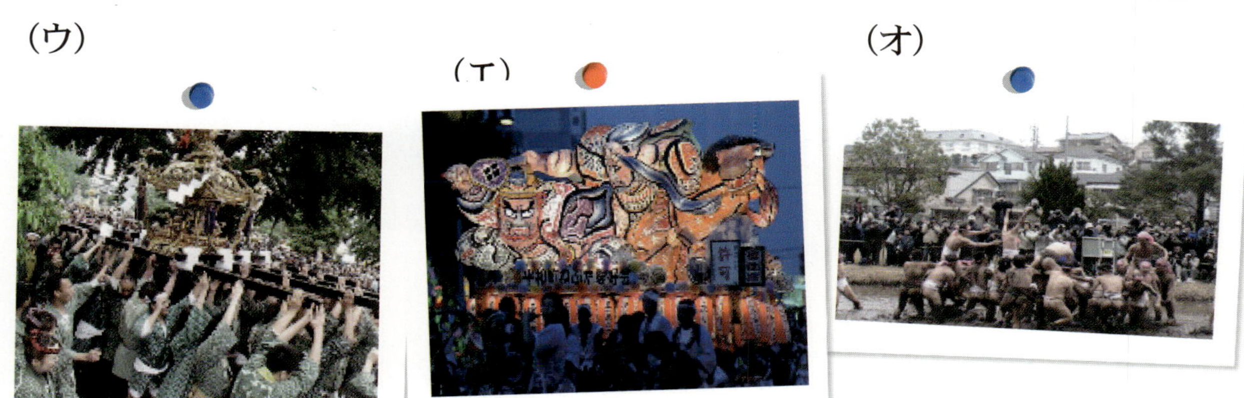

（ウ）　　　　（エ）　　　　　　（オ）

➡ 일본의 전통 축제, 마쓰리(祭り)

마쓰리란 일본의 전통 축제를 가리키는 말로 신령 등에 제사를 지내는 종교 의식에서 시작되었다. 일반적으로 신사나 절을 주체로 하거나 무대로 하는 경우가 많으며 풍작이나 풍어, 사업 번창, 무사고, 무병 장수, 가내 안전 등을 빈다. 이러한 마쓰리는 취향이나 전통, 지방에 따라 크게 차이가 나는 경우도 많다.

* 산쟈사이 (三社祭)

매년 5월 도쿄 아사쿠사 신사에서 성대하게 벌어지는 미코시(神輿: 신을 실은 가마)가 명물인 마쓰리다. 15일~17일까지 3일 동안 이어지는데, 15일~16일까지는 기본적인 축제 분위기를 즐길 수 있고 17일에는 산쟈사이의 꽃이라 불리는 혼샤미코시(本社神輿)를 볼 수 있다. 활기찬 구호와 함께 미코시를 짊어지고 가는 사람들을 통해 일본 전통 마쓰리를 한껏 즐길 수 있다.

* 네부타마쓰리 (ねぶた祭)

매년 8월 아오모리에서 벌어지는 등불을 중심으로 한 마쓰리다. '네부타'는 악귀를 쫓아내주는 등불로서 대나무나 철사로 인형을 만들고 그 위에 색색의 한지를 붙여 만든다. 2일~7일까지 축제가 이어지는데, 2일~6일까지는 전부 야간 운행이다. 축제의 마지막 날인 7일에는 낮에도 운행하고, 밤에는 해상 운행과 함께 불꽃놀이도 한다. 마쓰리 운영 비용만 해도 연간 2억 2천만 엔으로 '네부타' 하나를 만드는 데 약 2천만 엔 정도가 든다고 한다.

* 사이다이지에요우 (西大寺会陽)

매년 2월 셋째 주 토요일에 후쿠오카현에서 개최되는 남자들만의 알몸 축제로 유명하다. 오후 3시 50분에 소년들의 알몸 축제를 시작으로 오후 7시에는 북소리와 함께 불꽃놀이가 펼쳐지고, 오후 9시부터는 알몸이 된 남자들이 절 안에 모이기 시작한다. 이때 불이 꺼지고 창문에서 나무가 던져지는데, 치열한 쟁탈전을 통해 이 나무를 손에 넣은 사람은 복남(福男)으로 불리며 그 해의 행운이 약속된다고 한다. 나무 쟁탈전은 축제 당일 훈도시(일본 씨름 선수가 쓰는 흰 천)만 착용하면 누구나 참가할 수 있다.

정답 및 모범 예시

Unit 1 ひらがな 히라가나 1

耳のトレーニング 1 듣기 연습
① あおいいえ　② おおいうお

耳のトレーニング 2 듣기 연습
① あかいいえ　② おおきいかき　③ おおきいきく

耳のトレーニング 3 듣기 연습
① おいしいうお　② おかしいいえ　③ おおきいすし

耳のトレーニング 4 듣기 연습
① ちいさいちち　② とおいいえ　③ たかいきく

耳のトレーニング 5 듣기 연습
① かなしいいえ　② たのしいちち

Unit 2 ひらがな 히라가나 2

耳のトレーニング 1 듣기 연습
① ほそいてつ　② ふといくき　③ あかいひふ

耳のトレーニング 2 듣기 연습
① むなしいはは　② みにくいすし

耳のトレーニング 3 듣기 연습
① やすいまめ　② よわいぬの　③ たかいやきとり

Unit 4 カタカナ 가타카나

耳のトレーニング 듣기 연습
① アメリカ　② スイス　③ ハワイ　④ カナダ
⑤ イタリア　⑥ フランス　⑦ オーストラリア　⑧ ニュージーランド

グループアクティビィティー 그룹활동
ナイフ→フランス→スープ→プレゼント→トラック→クラス→スイッチ→チーズケーキ→キス
→スカーフ→フード→ドア

Unit 5　成田空港で なり た くうこう 나리타 공항에서

ドリル 반복 연습

① はじめまして、ぼくは金詩元です。学生です。どうぞよろしく。
② はじめまして、ぼくは木村です。タレントです。どうぞよろしく。
③ はじめまして、わたしは鈴木です。教師です。どうぞよろしく。
④ はじめまして、ぼくは中村です。フリーターです。どうぞよろしく。

耳のトレーニング 듣기 연습

① ソニー / トヨタ
② 日本大学 / 大阪電気
③ 教師 / テニス

手のトレーニング 쓰기 연습

① はじめまして / の / どうぞよろしく

　はじめまして / の / こちらこそ / どうぞよろしく

② こちら / の / さん

　こちら / の / さん

プレイ in 成田 나리타에서 놀기

• ラーメン ： イ. 620円
• すし ： ウ. 3000〜4000円
• たこやき ： オ. 480円
• スターバックスラテ ： ア. 320円
• 缶ビール ： カ. 200円
• マクドナルド・コーヒー ： エ. 120円

Unit 6　新宿は東京の中心です しんじゅく とうきょう ちゅうしん 신주쿠는 도쿄의 중심입니다

ドリル 반복 연습

① A：これはダイヤモンドですか？
　 B：いいえ、ダイヤモンドじゃありません。イミテーションです。
② A：それはすいみん薬ですか？
　 B：いいえ、すいみん薬じゃありません。キャンディーです。
③ A：それは赤ちゃんですか？
　 B：いいえ、赤ちゃんじゃありません。ねこです。
④ A：これはたばこですか？
　 B：いいえ、たばこじゃありません。チョコレートです。
⑤ A：あれはたこやきですか？
　 B：いいえ、たこやきじゃありません。たいやきです。

耳のトレーニング 듣기 연습
① サーモンのスパゲッティ
② バナナとオレンジのムース
③ アボガドのスープ
④ アイスクリームの天ぷら

手のトレーニング 쓰기 연습
① あれ / ですか? / あれ / じゃありません
② の / 仕事 / 趣味

プレイ in 新宿 신주쿠에서 놀기
[전철편]
① ○ (가끔 통화하는 젊은이가 있지만 주변의 눈총을 받는 분위기이다.)
② ×
③ ○
④ × (요즘 한국도 점점 안 바꿔주는 젊은이가 많아졌지만 그래도 한국이 일본보다 훨씬 잘 자리를 양보한다.)
⑤ × (아침에 출근할 때 역무원 이외에 사람을 미는 것은 있을 수 없는 일이다.)
[길거리편]
⑥ ○
⑦ × (허가 없이 길에서 장사하는 것은 금지되어 있지만 젊은이들이 중고 책이나 액세서리 등을 팔기도 한다.)
⑧ ○
⑨ ○
⑩ × (한국과 반대로 좌측통행이다.)

Unit 7　秋葉原は趣味の町です 아키하바라는 취미의 거리입니다

ドリル 반복 연습
① じゃ(ね) / バイバイ / じゃ、また
② おはようございます
③ こんにちは
④ おはよう
⑤ さようなら / じゃ、失礼します / では、失礼します
⑥ 이름을 부르거나 제스처를 하거나 하고 친구 사이에서는 「こんばんは」를 잘 쓰지 않는다.
⑦ おはよう / おはようございます
　　(야간 근무자의 경우, 시간이 늦더라도 출근 시에는 꼭 おはよう(ございます)라고 인사한다.)
⑧ こんにちは (편지에는 시제 구분 없이 こんにちは를 쓸 때가 많다.)

グループアクティビィティー 그룹 활동
① エッフェル塔　② エベレスト　③ シューベルト

耳のトレーニング 듣기 연습

① 별로 친하지 않은 지인

② 친구

③ 별로 친하지 않은 지인

④ 친구

⑤ 상하 관계

⑥ 상하 관계

手のトレーニング 쓰기 연습

① 何の　② だれですか、どの　③ おはようございます　④ 失礼します

プレイ in 秋葉原 아키하바라에서 놀기

①－オ　②－エ　③－ウ　④－ア　⑤－イ

Unit 8　原宿の若者のファッションです　하라주쿠의 젊은이 패션입니다

ドリル 반복 연습

① A：あの、すみません。セブン・イレブンはどこですか。
　 B：セブン・イレブンですか。ここですよ。
　 A：あ、どうもありがとうございます。
② A：あの、すみません。ラフォーレ原宿はどこですか。
　 B：ラフォーレ原宿ですか。そこですよ。
　 A：あ、どうもありがとうございます。
③ A：あの、すみません。マクドナルドはどこですか。
　 B：マクドナルドですか。あそこですよ。
　 A：あ、どうもありがとうございます。
④ A：あの、すみません。ロッテリアはどこですか。
　 B：ロッテリアですか。ここですよ。
　 A：あ、どうもありがとうございます。
⑤ A：あの、すみません。ムラサキスポーツはどこですか。
　 B：ムラサキスポーツですか。あそこですよ。
　 A：あ、どうもありがとうございます。

耳のトレーニング 듣기 연습

1．4000円のセーター　　2．2000円のネクタイ　　3．1500円のシャツと4200円のズボン

手のトレーニング 쓰기 연습

① いらっしゃいませ / どこですか / すみません / いくらですか / ください / ありがとうございます

プレイ with foods 먹거리와 놀기

① 0
② 젓가락
③ 밥 / 국
④ 작 / 적다

⑤ 없다

⑥ 안 먹는다 (가끔 섞어 먹기를 좋아하는 사람은 집에서 먹기도 하는데 이를 흔히 ねこまんま, 고양이 밥이라고 한다.)

⑦ 자신의 접시 (절대로 테이블 위에 놔두면 안 된다.)

⑧ 없다

⑨ 젓가락 또는 숟가락

⑩ 없다 (하면 안 된다.)

Unit 9　渋谷のスクランブル交差点はダイナミックです

시부야의 스크럼블 교차로는 다이나믹합니다.

ドリル 반복 연습

① 東京 / おおき / ひろい

② あなたの学校 / ふる / せまい

③ あなた / おもしろ / 明るい

④ あなたのさいふ / あたらし / たかい

⑤ つき / とお / 暗い

手のトレーニング 쓰기 연습

① 多くありません / 高い / 高 / 細い

② どうですか / 高くありません / 大きいです

プレイ in 渋谷 시부야에서 놀기

① A：はじめまして。私は〇〇〇です。どうぞよろしく。

　　B：はじめまして。私は△△△です。こちらこそ、どうぞよろしく。

② A：それ（あれ）は何ですか。109ですか。

　　B：ああ、それ（あれ）は109ではありません。渋谷マークシティーです。ファッションビルです。

③ A：あの人はだれですか。

　　B：ああ、あの人はコメディアンです。

④ A：いらっしゃいませ。

　　B：あの、シャツはどこですか。

　　A：はい、シャツはあそこです。

　　B：すみません、このシャツ、いくらですか。

　　B：はい、それは5000円です。

　　A：じゃ、これください。

　　B：はい、ありがとうございます。

⑤ A：NHKはどうですか。

　　B：大きくて、新しいですね。

⑥ A：NHKのレストランは高いですか。

　　B：いいえ、あまり高くありません。

⑦ A：原宿で一杯どうですか。

　　B：いいですよ。 / いいですね。

시뮬레이션 일본어

Unit 10 お台場のカジノはゲームですよ 오다이바의 카지노는 게임입니다

ドリル 반복 연습

① Ａ：どんなタレントが好きですか。

 Ｂ：ヒョン・ビンです。ハンサムでかっこいいですから。

② Ａ：どんな服が好きですか。

 Ｂ：Ｔシャツです。大きくて便利ですから。

③ Ａ：どんな遊びが好きですか。

 Ｂ：テニスです。やさしくておもしろいですから。

④ Ａ：どんな大学が好きですか。

 Ｂ：韓国大学です。ちかくてひろいですから。

耳のトレーニング 듣기 연습

① 便利 / にぎやか / 寒くない

② 暖かい / 人が親切 / ラーメンがおいしい

③ 暑い / きれい / すてきな店が多い

手のトレーニング 쓰기 연습

① 上手じゃありません / じゃありません

② 何人家族 / 父 / 母 / で / な / じゃありません

③ どんな / よくて / な

プレイ in お台場 오다이바에서 놀기

① 미안합니다

② 저기요

③ 고맙습니다

④ 실례합니다 / 저기요

Unit 11 浅草は昔からにぎやかでした 아사쿠사는 옛날부터 번화했습니다

ドリル 반복 연습

① Ａ：週末はどうでしたか。

 Ｂ：ひまでした。おもしろくありませんでした。

② Ａ：食事はどうでしたか。

 Ｂ：よかったです。とてもおいしくて安かったです。

③ Ａ：温泉はどうでしたか。

 Ｂ：よかったです。とてもあたたかかったです。

④ Ａ：デートはどうでしたか。

 Ｂ：よかったです。とてもたのしかったです。

⑤ Ａ：昔のソウルはどうでしたか。

 Ｂ：静かで人も少なかったです。

グループアクティビィティー 그룹 활동

① ソニーの田中さん / 日本商事の山下さん

② プレゼントのワイン / 韓国人の李さん

③ 私のかばん / あなたのチョコレート

④ 東京の中心 / あそこのバー

耳のトレーニング 듣기 연습
① おもしろかったです / 天気があまりよくありませんでした
② タレントでした / あまり有名ではありませんでした
③ 好きでした / 下手でした

手のトレーニング 쓰기 연습
① でしたか / じゃ（では）ありませんでした / にぎやかでした
② 寒かったです
③ よくありませんでした / 悪かったです
④ の / の / かばん

プレイ in 浅草 아사쿠사에서 놀기
① オーストラリア　② イギリス　③ ドイツ　④ トルコ　⑤ タイ　⑥ スペイン

Unit 12　ディズニーシーの中にホテルがありますね 디즈니씨 안에 호텔이 있네요

ドリル 반복 연습
① だれ / いますか / 田中さん / います
② かばん / 何 / ありますか / さいふ / あります
③ 何 / いますか / いぬ / います
④ 何 / ありますか / ありません
⑤ だれ / いますか / いません

手のトレーニング 쓰기 연습
① ありますか / ありません / あります
② いますか / います / いません(よ)
③ どこ / 一番 / と / と / どちら / より

プレイ in ディスにーシー 디즈니씨에서 놀기
① 有名な　② ない　③ 少ない　④ 新しい　⑤ 多い
⑥ いない　⑦ せまい　⑧ かわいい

Unit 13　ランドマークタワーは横浜のシンボルです
랜드마크 타워는 요코하마의 상징입니다

ドリル 반복 연습
① A：明日、何を 買いますか？
　 B：服を買います。
　 A：くつを買いますか？
　 B：いいえ、買いません。
② A：あさって、どこへ 行きますか。
　 B：学校へ行きます。
　 A：図書館へ行きますか。
　 B：いいえ、行きません。
③ A：今晩、だれに 会いますか。
　 B：友だちに会います。

시뮬레이션 일본어

　　Ａ：<u>先生</u>に<u>会</u>いますか。
　　Ｂ：いいえ、<u>会</u>いません。
④　Ａ：これから<u>何を</u><u>見</u>ますか。
　　Ｂ：<u>映画を見</u>ます。
　　Ａ：<u>テレビを見</u>ますか。
　　Ｂ：いいえ、<u>見</u>ません。
⑤　Ａ：<u>毎朝</u>、<u>何に</u><u>乗</u>りますか。
　　Ｂ：<u>電車に乗</u>ります。
　　Ａ：<u>バスに乗</u>りますか。
　　Ｂ：いいえ、<u>乗</u>りません。

プレイ in 横浜　요코하마에서 놀기

① <u>行</u>きます　② <u>乗</u>ります　③ <u>会</u>います　④ <u>歩</u>きます　⑤ <u>見</u>ます　⑥ <u>買</u>います
⑦ <u>食</u>べます　⑧ <u>飲</u>みます　⑨ <u>話</u>します　⑩ <u>聞</u>きます　⑪ <u>寝</u>ます

Unit 14　箱根のロープウェイはとても長いです　하코네의 케이블카는 매우 깁니다

ドリル 반복 연습

①　Ａ：<u>最近</u>、<u>何を読</u>みましたか。
　　Ｂ：<u>小説を読</u>みました。
　　Ａ：<u>雑誌を読</u>みましたか。
　　Ｂ：いいえ、<u>読</u>みませんでした。／ はい、<u>読</u>みました。
②　Ａ：<u>週末に何を</u>しましたか。
　　Ｂ：<u>テニスを</u>しました。
　　Ａ：<u>サッカーを</u>しましたか。
　　Ｂ：いいえ、<u>し</u>ませんでした。／ はい、<u>し</u>ました。
③　Ａ：<u>夏休</u>みにどこへ<u>行</u>きましたか。
　　Ｂ：<u>ハワイに行</u>きました。
　　Ａ：<u>沖縄に行</u>きましたか。
　　Ｂ：いいえ、<u>行</u>きませんでした。／ はい、<u>行</u>きました。
④　Ａ：きのうの<u>晩</u>、<u>何を飲</u>みましたか。
　　Ｂ：<u>ビールを飲</u>みました。
　　Ａ：<u>ワインを飲</u>みましたか。
　　Ｂ：いいえ、<u>飲</u>みませんでした。／ はい、<u>飲</u>みました。
⑤　Ａ：<u>去年</u>のクリスマスに<u>だれと会</u>いましたか。
　　Ｂ：<u>友だちと会</u>いました。
　　Ａ：<u>先生と会</u>いましたか。
　　Ｂ：いいえ、<u>会</u>いませんでした。／ はい、<u>会</u>いました。

耳のトレーニング 듣기 연습

① あさって<u>英語</u>のテストですから、<u>朝</u>から<u>晩</u>まで<u>勉強</u>しました。
② <u>日曜日</u>に<u>映画</u>3910を<u>見</u>ました。
③ ショッピングモールで<u>彼</u>を<u>見</u>ました。きれいな<u>女の人</u>といっしょにいました。

手のトレーニング 쓰기 연습

① 来ましたか / 来ました / いました / 会いました / 乗りましたか / 乗りませんでした
② いつですか（何月何日ですか）/ 何曜日ですか / しますか / 行きます / しましたか / しませんでした

プレイ in 箱根 하코네에서 놀기

① 때밀이　② 수건　③ 몸　④ 우유/요구르트　⑤ 정서, 경치 등　⑥ 어린 아이들　⑦ 몸을(물기를) 닦는다

Unit 15　祭りは見る人より参加する人の方が楽しいです

마쓰리는 보는 사람보다 참가하는 사람 쪽이 즐겁습니다

ドリル 반복 연습

① 彼女がいます / 残念ですね
② 悪いです / 大丈夫ですか
③ たくさんあります / 大変ですね
④ ひろいました / 運がいいですね
⑤ 誕生日です / おめでとうございます

手のトレーニング 쓰기 연습

① 帰る　② ありがとうございました　③ よかった / 楽しかった　④ 見ました / いました　⑤ きれいで
⑥ 買いましたか　⑦ 買います　⑧ ありません　⑨ やすく　⑩ いくつ　⑪ 何時/いつ　⑫ 早い

プレイ in 祭り 마쓰리에서 놀기

①（ウ）　②（イ）　③（エ）　④（ア）　⑤（オ）

시뮬레이션 일본어

부록2
스크립트

Unit 1 ひらがな1 히라가나1

【耳のトレーニング 1】
① あおいいえ(青い家)　　② おおいうお(多い魚)

【耳のトレーニング 2】
① あかいいえ(赤い家)　　② おおきいかき(大きい柿)　　③ おおきいきく(大きい菊)

【耳のトレーニング 3】
① おいしいうお(美味しい魚)　　② おかしいいえ(可笑しい家)　　③ おおきいすし(大きい寿司)

【耳のトレーニング 4】
① ちいさいちち(小さい父)　　② とおいいえ(遠い家)　　③ たかいきく(高い菊)

【耳のトレーニング 5】
① かなしいいえ(哀しい家)　　② たのしいちち(楽しい父)

Unit 2 ひらがな2 히라가나2

【耳のトレーニング 1】
① ほそいてつ(細い鉄)　　② ふといくき(太い茎)　　③ あかいひふ(赤い皮膚)

【耳のトレーニング 2】
① むなしいはは(空しい母)　　② みにくいすし(醜い寿司)

【耳のトレーニング 3】
① やすいまめ(安い豆)　　② よわいぬの(弱い布)　　③ たかいやきとり(高い焼き鳥)

Unit 4 カタカナ 가타카나

【耳のトレーニング】
① アメリカ　② スイス　③ ハワイ　④ カナダ
⑤ イタリア　⑥ フランス　⑦ オーストラリア　⑧ ニュージーランド

Unit 5 成田空港で 나리타 공항에서

【会話】
シウォン： 日本だ。あ、山本さんだ。あの、キムシウォンです。
山本　　： あ、キムシウォンさん、ようこそ。
シウォン： はじめまして、よろしくおねがいします。
山本　　： 山本です。こちらこそ、どうぞよろしく。

【耳のトレーニング】
①
大竹： はじめまして、ソニーの大竹です。どうぞよろしく。
大野： はじめまして、トヨタの大野です。こちらこそ、どうぞよろしく。

②
竹田： こちらは日本大学の青山さんです。こちらは大阪電気の山下さんです。
青山： はじめまして、青山です。どうぞよろしく。
山下： 山下です。こちらこそ、よろしくおねがいします。

③
石川： はじめまして、石川ようこです。私は教師です。趣味はテニスです。どうぞよろしくおねがいします。

〔会話〕

シウォン： 山本さん、あれは何ですか？　会社ですか？
山本　： ああ、あれは会社じゃありません。東京都庁です。
シウォン： じゃ、新宿は東京の中心ですか？
山本　： ええ、企業とショッピングの中心です。
シウォン： あ、それはホテルですね。
山本　： ええ、ワシントンホテルです。
シウォン： そうですか。

〔耳のトレーニング〕

예
A： 鈴木さん、それは… レモンジュースですか？
B： え？ これですか？ えっと…。(마셔 본다.) ああ、これはパイナップルジュースですよ。
A： あ、そうですか。

①
A： 鈴木さん、これは何ですか？ チキンスパゲッティですか？
B： いいえ、チキンじゃありません。それはサーモンのスパゲッティですよ。
A： え？ これ、サーモンですか？

②
A： 鈴木さん、鈴木さん、あれは何ですか？
B： え、どれですか？
A： あれです。あのデザートです。
B： ああ、あれはバナナとオレンジのムースです。
A： へえー。

③
A： あ、これは…… アボガドのスープだ！
B： 朴さん、それはトマトのスープです。
A： え？ これですよ。これ。
B： ああ、それですか。はい、アボガドのスープです。

④
A： 鈴木さん、それは天ぷらですか？
B： そうです。
A： 何の天ぷらですか？
B： ええ…っと…う…ん？
A： (먹어 본다.) あ、アイスクリームですよ。アイスクリームの天ぷらです。
B： へー、そうですか。

【会話】

山本　　：シウォンさん、おはようございます。

シウォン：おはようございます。秋葉原は電気屋の町ですね。

山本　　：ええ、電気屋と趣味の町です。

シウォン：あの店は何ですか？

山本　　：ああ、あの店はまんが屋です。アマチュアまんがの店です。

シウォン：この店は何の店ですか？

山本　　：メイドカフェです。

シウォン：メイドカフェ？ それは何ですか？

山本　　：ウェイトレスがメイドです。

シウォン：あの人はだれですか？

山本　　：あの人がメイドですよ。あれがユニフォームです。

シウォン：へー。

【耳のトレーニング】

例

A：おはようございます。

B：あ、おはよう。田中君。

①

A：こんにちは、吉田さん。

B：杉田さん、こんにちは。

②

A：おはよう、たかし。

B：お、ようこ、おはよう。

③

A：じゃ、さよなら。

B：さよなら。

④

A：じゃ、バイバイ

B：うん。じゃ。

⑤

A：では、失礼します。

B：うん、じゃ。

⑥

A：あ、山下さん、こんばんは。

B：お、鈴木君。

【会話】

店員　　：いらっしゃいませ。

シウォン：あの、シャツはどこですか？

店員　　：はい、２階です。

シウォン： ここの服はカラフルですね。
山本　： ええ、原宿の若者ファッションです。
シウォン： あ、これ、ぼくの趣味だ。すみません、このシャツ、いくらですか？
店員　： はい、そこのシャツは全部、3000円です。
シウォン： 3000円か……。じゃ、これください。
店員　： はい、ありがとうございます。

〔耳のトレーニング〕

예

A： いらっしゃいませ。
B： あの、ベルトはどこですか？
A： ベルトはそこです。
B： すみません、このベルトはいくらですか？
A： それは3000円です。
B： じゃ、これください。
A： はい、ありがとうございます。

①

A： いらっしゃいませ。
B： あの、セーターはどこですか？
A： あ、セーターは2階です。
B： はい、どうも。すみません。
A： はい。
B： このセーターはいくらですか？
A： はい、そこのセーターは全部、4000円です。
B： あ、そうですか。じゃ、これください。
A： はい、ありがとうございます。

②

A： すみません。
B： はい、いらっしゃいませ。
A： ネクタイとぼうしはどこですか？
B： ネクタイはここです。ぼうしはあそこです。
A： あの、すみません、このネクタイはいくらですか？
B： それは2000円です。
A： そうですか。じゃ、あそこのぼうしはいくらですか？
B： あそこのぼうしは、2500円です。
A： そうですか。じゃ、このネクタイをください。
B： はい、ありがとうございます。

③

A： すみません、このシャツ、3000円ですか？
B： いえ、シャツは50％セールです。シャツは1500円です。
A： そうですか。じゃ、このズボンはいくらですか？
B： ズボンは4200円です。
A： ふーん、じゃ、このシャツとズボン、ください。
B： はい、ありがとうございます。

〔会話〕

山本　　　：ここがスクランブル交差点です。

シウォン：ダイナミックですね。人も多いですね。

山本　　　：いえ、あまり多くありませんよ。月曜日ですから。

シウォン：そうですか。あの高いビルは何ですか？　高くて細いビルです。

山本　　　：あれはファッションビルの１０９です。

シウォン：あそこの服は高いですか。

山本　　　：あまり高くないですよ。

シウォン：上はレストランですか？

山本　　　：はい、レストランとバーです。あそこで、一杯、どうですか？

シウォン：いいですね。

〔会話〕

シウォン：ここは本当のカジノですか？

山本　　　：いいえ、このカジノはゲームですよ。

シウォン：ぼく、ゲームはあまり上手じゃありませんが…。

山本　　　：だいじょうぶですよ。ディーラーが親切でやさしいですから。

シウォン：山本さんの得意なゲームは何ですか？

山本　　　：得意じゃないですが、ルーレットが好きです。

シウォン：有名なゲームですね。

山本　　　：ええ。シウォンさん、いっしょにどうですか？　火曜日は人も少ないですから。

シウォン：じゃ、せっかくですから。

〔耳のトレーニング〕

㈜

A：太田さん、北海道はどんな所ですか？

B：北海道ですか？　静かで人が少ないです。

A：へー、きれいな所ですか？

B：はい、とてもきれいです。

①

A：佐藤さん、横浜はどんな所ですか？

B：横浜は便利でにぎやかな所ですよ。

A：気候は寒いですか？

B：いいえ、寒くありませんよ。

②

A：中村さん、九州はどうですか？

B：九州は… そうですね…。暖かくて、人が親切です。

A：食べ物はどうですか？

B：あ、ラーメンがおいしいですよ。

③

A：吉田さん、沖縄はどうですか？　どんな所ですか？

B ： 私、沖縄、好きですよ。暑いですが、本当にきれいですよ。すてきな店も多いですよ。

A ： そうですか。

〔会話〕

シウォン： すごい人ですね。浅草は昔からにぎやかでしたか？

山本　　： ええ。でも、外国人は多くありませんでした。

シウォン： 昔の浅草はどんな町でしたか？

山本　　： そうですね……。文化の中心じゃありませんでしたが、遊びの町でした。

シウォン： あ、芸者さんだ！　写真、写真！

山本　　： 運がよかったですね。　私も芸者さんは、はじめてです。

シウォン： いいですね。ここは昔の日本ですね。

山本　　： これも昔のおかしですよ。どうぞ。

シウォン： いただきます。あ、おいしいですね。

山本　　： じゃ、私のもどうぞ。

〔耳のトレーニング〕

例

A ： あの、吉田先生は昔、どんな先生でしたか？

B ： 吉田先生ですか？　親切な先生でしたね。

A ： ハンサムでしたか？

B ： 昔は、そうでしたね。

①

横田 ： 大山さん、旅行はどうでしたか？

大山 ： おもしろかったですよ。でも……。

横田 ： でも？

大山 ： 天気があまりよくありませんでしたよ。

②

A ： 加藤さんのお父さんの仕事は何ですか？

B ： 父ですか？　昔はタレントでしたが、今は会社員です。

A ： え？　タレントでしたか？　すてきですね。

B ： いえいえ、あまり有名じゃありませんでしたから……。

③

A ： 林さんは本当にルーレットが上手ですね。

B ： ありがとうございます。

A ： 昔からゲームが得意でしたか？

B ： 昔ですか？　うん…昔は好きでしたが、下手でした。

〔会話〕

シウォン： ディズニーシーの中にホテルがありますね。

山本　　： はい。近くのホテルの中で一番人気があります。

シウォン： ディズニーランドの中にもホテルがありますか？
山本　　： いいえ、ありません。テーマパークの中にあるホテルはここだけです。

シウォン： そうですか。ところで…、ミッキーマウスがいませんね。
山本　　： ああ、ミッキーがいるレストランが２つあります。

シウォン： どこですか？
山本　　： 近くです。お昼はそこで、どうですか？

シウォン： 高いですか？　ぼく、あまりお金がないですから……。

Unit 13　ランドマークタワーは横浜のシンボルです　랜드마크 타워는 요코하마의 상징입니다

〔会話〕

山本　　： これが有名なランドマークタワーです。69階に展望台がありますよ。行きますか？

シウォン： でも、今日は天気があまりよくありませんから…。

山本　　： じゃ、横のモールでお茶でも飲みますか？

シウォン： ええ。

山本　　： ここはショッピングやデートや食事をする人が毎日いっぱい来ます。

シウォン： 山本さんも横浜ですよね。よくここに来ますか？

山本　　： 私は忙しいですから、あまり来ません。時々、土曜日ここで友達と会います。

シウォン： ここは何時までですか？

山本　　： 店は午後８時、レストランは11時までです。

Unit 14　箱根のロープウェイはとても長いですよ　하코네의 케이블카는 매우 깁니다

〔会話〕

田中　　： いいお湯ですね。あなたはどこからですか？

シウォン： あ、ぼくは韓国から来ました。

田中　　： そうですか。いつ日本に来ましたか？

シウォン： 先週の金曜日、５月14日です。

田中　　： そうですか。日本のどこに行きましたか？

シウォン： おとといまで一週間、東京にいました。きのうは横浜で遊びました。
　　　　　 そして今日、箱根に来ました。

田中　　： 箱根のロープウェイに乗りましたか？

シウォン： いえ、時間がなくて乗りませんでした。

田中　　： それは残念でしたね。箱根のロープウェイは日本で一番長いですよ。

シウォン： そうですか。ところで、この露天風呂は静かで景色がいいですね。

田中　　： ええ、ぼくはここが好きで、去年もおとともしも来ましたよ。

〔耳のトレーニング〕

例

A： おはようございます。

B： おはようございます。

A： 週末はどうでしたか？

B： 週末ですか？　ええ、いい週末でした。友達と海に行きました。

A： 海ですか。いいですね。

시뮬레이션 일본어

B ： きれいでしたよ。そしておいしい食事もしました。

A ： それはよかったですね。

①
A ： 吉田さん。

B ： あ、坂口さん、こんにちは。

A ： 週末はどうでしたか？

B ： あ、週末はとても忙しかったです。

A ： アルバイトでもしましたか？

B ： いえ、あさって英語のテストですから、朝から晩まで勉強しました。

A ： それは大変でしたね。

②
A ： あーーーーひま！ 山下さん、何かおもしろいことありませんか？

B ： おもしろいことですか？ じゃ、今晩、映画3910でも見ませんか？

A ： あ、3910は日曜日に見ました。でも、あまりおもしろくありませんでしたよ。

B ： え、そうですか。じゃ、今からドライブでも行きますか？

A ： あ、それはいいですね。

③
A ： こんばんは、中村さん。あれ、今日は暗いですね。何かありましたか？

B ： ええ… 週末に、ショッピングモールで彼を見ましたから。

A ： 中村さんの彼ですか？ でも、どうして気分が悪いんですか？

B ： きれいな女の人といっしょにいましたから。

A ： えーーーー！ 本当ですか？

B ： 私、ショックで……。

Unit 15 祭りは見る人より参加する人の方が楽しいです
마쓰리는 보는 사람보다 참가하는 사람 쪽이 즐겁습니다

〔会話〕

山本 ： あ、みこしが来ましたよ。

シウォン： うわー！ 元気ですね。若い女の人もいますね。

山本 ： ええ、子供も女の人もたくさん参加しますよ。この祭りは日本で一番有名な祭りのひとつです。

シウォン： そうですか。長い列ですね。全部で何人ですか？

山本 ： 約３００人ぐらいいると思いますよ。朝８時ごろから夜の７時まで町を回ります。

シウォン： 大変ですね。山本さんもよく祭りに参加しますか？

山本 ： 前はよくおどりました。あまり上手じゃありませんでしたけど…。

シウォン： 楽しかったですか？

山本 ： ええ。祭りは見る人より参加する人の方が楽しいですから。
　　　　 でも、去年は忙しくて何もしませんでした。

シウォン： それは残念でしたね。祭りに参加する外国人もいますか？

山本 ： ええ、いますよ。ほら、あそこ、あそこ。

ファイ
ト!!